Couverture inférieure manquante

Début d'une série de documents
en couleur

LES

FAUX LOUIS XVII

PAR

L. DE LA SICOTIÈRE

Quoi ! tu veux qu'on t'épargne et
n'as rien épargné !
CORNEILLE, *Cinna*.

PARIS

LIBRAIRIE DE VICTOR PALMÉ, ÉDITEUR

76, Rue des Saints-Pères 76.

1882.

Fin d'une série de documents
en couleur

LES FAUX LOUIS XVII

LES

FAUX LOUIS XVII

PAR

L. DE LA SICOTIÈRE

> Quoi ! tu veux qu'on t'épargne et
> n'as rien épargné !
> CORNEILLE, *Cinna*.

PARIS

LIBRAIRIE DE VICTOR PALMÉ, ÉDITEUR

76, Rue des Saints-Pères 76.

1882.

LES FAUX LOUIS XVII

On pouvait croire la question des faux Louis XVII enterrée avec les derniers des intrigants ou des fous qui avaient pris ce titre et trouvé moyen, quelques-uns du moins , de s'en faire une situation et un revenu. Louis XVII aurait aujourd'hui près de cent ans. Personne ne peut plus se présenter aux naïfs et leur dire avec un aplomb superbe : « C'est moi ! c'est moi-même ! « Regardez mon nez bourbonnien comme celui de Louis XVI, « ma lèvre autrichienne comme celle de Marie-Antoinette, et « mes deux incisives étroites et pointues comme celles d'un « lapin ! Voici, sur le bras, les traces particulières des piqûres de « l'inoculation ; à l'angle de l'œil, celle d'un coup de serviette « que me lança l'affreux Simon ! » Plus de génuflexions dévotes devant ces stigmates sacrés ! Plus de vieilles gouvernantes ni d'antiques serviteurs, venant, l'œil éteint et la vue troublée, jurer, d'une voix chevrottante, qu'ils reconnaissent parfaitement, après quarante ou cinquante ans, leur jeune maître, qui dans Richemont, qui dans Naündorff, qui dans tel autre audacieux qui prétendra lui-même les reconnaître et les appellera par leur petit nom ! Plus de liste civile pour soudoyer grassement une légion d'avocats, de romanciers, de journalistes, de pamphlétaires de toute sorte, qui, presque tous, il est vrai, finiront par confesser leur erreur et en faire amende honorable, mais dont la tardive rétractation n'égalera pas le bruit qu'avaient fait leurs acclamations ! Plus, enfin, de faméliques, parasites d'un parasite comme certains insectes connus des savants, trouvant moyen d'exploiter la vanité d'un prétendant, ou même fondant de bonne foi sur son avènement futur, l'espoir de leur fortune chimérique ! Les ultra-royalistes qui n'étaient pas fâchés d'opposer aux Bourbons de la Restauration l'hypothèse d'une légitimité meilleure encore que la leur, et qui, pour satisfaire leurs défiances et leurs ressentiments à l'endroit de Louis XVIII, ne reculaient pas, comme nous le verrons, devant les accusations les plus abominables contre lui et même contre la malheureuse duchesse d'Angoulême ; les révolutionnaires, plus excusables, qui exploitaient cette légende dans l'intérêt de leurs haines anti-monarchiques ; les conspirateurs qui, sous Louis-Philippe, recevaient l'argent des faux Dauphins et leurs mots d'ordre, sauf à garder l'un et à se moquer des autres ; les sectaires qui cherchaient dans leur prétendant un prophète et un apôtre jusqu'à ce qu'ils l'eussent trouvé, poussant sous ce rapport, on peut le dire, la superstition jusqu'à l'impiété, tout ce monde a disparu successivement [1]. La mise en scène, les intérêts, les passions qui soutinrent les faux Dauphins, l'ébranlement même des esprits qui favorisait leur apparition, ne sont plus qu'un souvenir. Ajoutons que la chute misérable de la plupart des aventuriers qui avaient essayé de jouer les Louis XVII, et les sifflets de l'opinion qui avait d'abord accueilli leurs débuts avec une certaine curiosité, semblaient indiquer que la pièce devait être morte avec les acteurs.

Il n'en était pas ainsi.

La thèse des faux Louis XVII a été reprise dans ces derniers temps, à propos de l'évocation posthume de l'un d'eux dans une Revue d'ordinaire plus sérieuse. Elle a agité la presse pendant quelques jours [2]. Elle a montré que beaucoup de personnes, même parmi celles qui devraient le mieux connaître la question de la mort réelle au Temple du jeune Louis XVII et de son évasion prétendue, n'en savaient pas le premier mot.

---

[1] « De tous les bruits que la conscience et la confiance irréfléchies des royalistes pouvaient accueillir, de tous ceux qui pouvaient trouver un accès et un succès faciles auprès des esprits vulgaires, de tous ceux, enfin, que la malveillance et l'intrigue pouvaient le plus aisément répandre et accréditer, afin de nuire ou de déplaire aux Bourbons, on n'en pouvait choisir, à coup sûr, un plus commode, plus durable, plus affligeant, plus envenimé, et si on ose le dire, plus *élastique* que celui d'un Louis XVII non mort, mais enseveli, retrouvé, sauvé du Temple, reconnu, proscrit et venant sans cesse revendiquer son nom, ses droits, sa couronne. Il faut cinquante ans encore peut-être, pour qu'il ne se rencontre plus en France personne qui puisse être Louis XVII, et personne qui puisse croire à son existence. » (Vte de la Rochefoucauld, *Mémoires*, 1837, t. V, p. 42.)

[2] V. le *Figaro* des 16, 18, 22 février, 5 et 7 mars, et les autres journaux.

Nous voudrions, à notre tour, éclaircir cette question, à l'aide, non seulement des imprimés, plus nombreux qu'on ne saurait jamais le supposer, qui la concernent [1], mais surtout de certains autres documents, inédits, qui sont en notre possession, et qui, comme on va le voir, ruinent par la base les systèmes de tous les faux Dauphins.

Ces systèmes se ressemblent par le fond, tout en différant dans les détails. On peut les ramener à une sorte d'unité. Nous verrons qu'ils ont leur commune origine dans un pauvre roman de la fin de la Révolution, fort oublié à cette heure [1].

Nous verrons aussi que, pris en flagrant délit de mensonge sur certains points où ils s'étaient trop légèrement avancés, nos héros les abandonnèrent bravement, sans trop essayer de couvrir leur retraite, et continuèrent de faire tête à la vérité avec un sang froid et un aplomb imperturbables, suivis dans toutes leurs évolutions par un gros de fidèles dont rien ne pouvait dessiller les yeux. Constatons cependant à l'avance, et une fois pour toutes, que, s'agissant de faits personnels, les erreurs ne leur étaient pas permises et que les contradictions ou les rétractations qui honorent parfois la sincérité de l'historien racontant des circonstances auxquelles il a été étranger, suffisaient pour condamner la leur sans retour.

Louis XVII était-il mort au Temple, le 8 juin 1795, victime de ces traitements abominables qui ont attiré une pitié éternelle sur son nom et une haine éternelle sur ses bourreaux? Avait-il été

---

[1] Nous avons lu, étudié tous ces documents, et nous en donnons le catalogue aussi complet que possible. La Bibliothèque nationale en possède un grand nombre. D'autres nous ont été fournis par des collections particulières. Nous avons consulté les Archives. M. Bord nous a ouvert ses cartons avec son obligeance ordinaire. M. Dupré-Lasalle, conseiller à la Cour de Cassation, qui, substitut alors au tribunal de la Seine, avait donné de si remarquables conclusions dans le procès Naündorff (1851), a bien voulu nous aider de ses souvenirs et de ses communications. L'article Louis Charles, des *Supercheries littéraires*, nous a été d'un grand secours.

Nous avons dû restituer à Richemont et à Naündorff les publications qui concernent chacun d'eux et dont le classement a donné lieu à de fréquentes erreurs, même dans les *Supercheries Littéraires*, dans le *Catalogue de la Bibliothèque nationale (Histoire de France*, t. X, V^s *Naündorff, Richemont)*, et dans l'ouvrage plus récent de M. Nauroy, les *Secrets des Bourbons*. Nous avions nous-même confondu quelques attributions dans notre étude sur *Charlotte Corday et Fualdès (Revue des questions historiques*, 1867, t. II, p. 218-247).

sauvé au contraire par le dévouement et le courage de quelques serviteurs fidèles? Qu'était-il depuis lors devenu? Ces problèmes ont
dû se poser pendant sa captivité et après sa mort. A toutes les époques et au sujet de toutes les victimes placées dans des conditions
analogues, ils avaient été agités. C'est une loi historique. L'histoire des erreurs de l'esprit humain a ses règles autant et plus
peut-être que celle des événements eux-mêmes [1].

Qu'on se reporte par la pensée aux jours qui suivirent la chute
du trône, à la captivité du Temple, aux souffrances et aux sup-

---

[1] Sainte-Beuve l'a dit avec une piquante justesse : « On ferait une liste
curieuse de tous ces faux prétendants, dont quelques-uns ont surpris pour
un moment la crédulité publique et celle des nations.

« Hérodote, le premier, nous a donné l'histoire du *faux Smerdis*, de ce
mage qui, à la mort de Cambyse, se fit passer pour Smerdis, fils de Cyrus,
et qui régna huit mois. Tacite nous a raconté l'histoire des *faux Agrippa*,
des *faux Drusus*, des *faux Néron;* il y eut de ceux-ci en quantité... A voir,
par moments, tous ces faux personnages sortir çà et là, on dirait quelque
chose comme une épidémie...

« De nos jours, nous avons eu de *faux Louis XVII* très nombreux, en
partie fous, en partie imposteurs. En effet, lorsqu'une jeune et haute destinée
a subi de ces catastrophes soudaines et qui sont restées par quelques
côtés mystérieuses ; lorsqu'un prince a disparu de manière à toucher les
imaginations, bien des têtes travaillent à l'envi sur ce thème émouvant ; les
romanesques y rêvent, se bercent et attendent; les plus faibles et ceux qui
sont déjà malades peuvent sérieusement s'éprendre et finir par revêtir avec
sincérité un rôle qui les flatte et où trouve à se loger un coin d'orgueilleuse
manie ; quelques audacieux, en même temps, sont tentés d'y chercher une
occasion d'usurper la fortune et de mentir impudemment au monde. »
(*Causeries du lundi*, 7 févr. 1853.)

Ce n'est pas seulement une *liste*, mais des livres, qu'on a faits ce sujet.
Citons seulement, sans compter d'innombrables monographies : *Les Imposteurs insignes ou Histoire de plusieurs hommes de toutes les nations, qui ont usurpé les qualités d'empereurs, rois et princes*, par Jean
Baptiste Rocoles. Amsterdam, Wolfgang, 1683, in-12; nouvelle édition corrigée et augmentée, Bruxelles, Vlaenderen, 1728, 2 vol. in-8°, fig. — *Les Imposteurs démasqués et les usurpateurs punis, ou histoire de plusieurs aventuriers qui, ayant pris la qualité d'Empereur, de Roi, de Prince, d'Ambassadeur, de Tribun, de Messie, de Prophète, etc., etc., ont fini leur vie
dans l'obscurité, ou par une mort violente*, (par l'abbé Esprit. — Joseph
Chaudon). Paris, Nyon, 1776, 1 vol. in-12. — *Les Imposteurs fameux, ou
Histoires extraordinaires et singulières des Hommes de néant de toutes les
nations, qui, depuis les temps les plus reculés jusqu'à ce jour, ont usurpé la
qualité d'Empereur, de Roi et de Prince ; terminées par celles des deux faux
Louis XVII, Hervagault et Bruneau*. Paris, Eymery, 1828, in-12. Ni Barbier,
ni De Manne, ni Quérard ne donnent le nom de l'auteur de cette compilation ; nous croyons pouvoir l'attribuer au libraire Eymery lui-même, qui en
composa plus d'une de ce genre.

plices des royales victimes! Le royalisme ranimé par les persécutions même dont il était l'objet, les imaginations ébranlées par
les secousses révolutionnaires, les cœurs attendris par le spec-
tacle d) si hautes et si touchantes infortunes, tout conspirait à
exciter la crédulité populaire, à la préparer aux révélations les
plus étranges et les plus merveilleuses, aux coups de foudre;
tout sollicitait l'audace et l'ambition des aventuriers. En de tels
moments, la crédulité et l'imposture vont de pair. Point de folie
qui n'ait cours, de sottise qui n'ait ses admirateurs, de fourberie
grossière qui ne traîne à sa suite un cortège de dupes. Comme
on l'a dit, l'absurdité devient une puissance.

La mort elle-même de Louis XVI, décapité sous les yeux d'un
peuple entier, trouvait des incrédules, et faut-il le dire? parmi
les gens d'esprit.

« Louis XVI, disaient-ils, ne peut et ne doit point être mort; il y
a eu un enlèvement, une fuite, que sais je? Rien encore sur les
moyens, mais j'ai la certitude, partagée par les gens sensés d'ici,
que nous le verrons bientôt à la tête des armées de la coali-
tion [1]. »

A plus forte raison, les mystères du Temple, qui ne renfermait
plus que le frère et la sœur, séparés l'un de l'autre, invisibles à
leurs amis et comme ensevelis dans une séquestration odieuse,
prêtaient-ils à toutes sortes de suppositions.

Cambacérès lui-même, le froid et sagace Cambacérès, le sentait si bien, que dans un rapport à la Convention, en date du
23 janvier 1795, sur les mesures à prendre vis à vis des Orphelins du Temple, il disait: « Lors même qu'il aura cessé d'exister
(le fils de Louis XVI) on le retrouvera partout, et cette chimère
servira longtemps à nourrir de coupables espérances [2]. »

Dès le mois de juillet 1794, le bruit courait dans Paris que
Louis XVII était sorti du Temple. On l'avait vu sur les boule-

[1] Un Homme d'autrefois, par le marquis Costa de Beauregard, 1877,
p. 152.
[2] Moniteur, an III, n°, 125.
[3] « Le 7 juillet 1794, le bruit s'était répandu dans Paris que le complot
formé par le général Dillon avait réussi, malgré l'arrestation du général, et
que Louis XVII avait été enlevé de la Tour On disait que le jeune Roi avait
été vu sur le Boulevard, qu'il avait été porté en triomphe à Saint-Cloud. Au
moment où la foule se dirigeait vers le Temple pour avoir des détails, le
Comité de Sûreté générale y envoyait une députation en toute hâte, afin d'y

vards; on affirmait même qu'on l'avait porté en triomphe à Saint-Cloud [3]. Il n'en résulta que la constatation immédiate qu'il était toujours en prison, et sans nul doute un resserrement plus étroit, un redoublement de précautions pour prévenir toute tentative d'enlèvement.

Dans l'émigration, à Londres et en Allemagne, circulaient nécessairement de semblables rumeurs qui flattaient ses douleurs et ses illusions.

En Bretagne et en Vendée, comment les oreilles et les cœurs ne se seraient-ils pas de même ouverts à ces bruits de la délivrance de l'enfant pour lequel on s'était tant battu et l'on se battait encore?

Sa mort (8 juin 1795), sur les circonstance et les preuves de laquelle nous reviendrons tout à l'heure, ne devait pas arrêter ces rumeurs. Elle les excita au contraire. Mercier, dans son *Nouveau Tableau de Paris*, en rend témoignage [1].

Une circonstance particulière devait encore ajouter à cette disposition générale des esprits. Des gens, se prétendant bien informés, affirmaient que des articles secrets avaient été arrêtés entre les délégués du Gouvernement républicain, d'une part, et Charette et les autres chefs Vendéens, d'autre part, en dehors du traité signé à la Jaunaye le 29 pluviôse an III (17 février 1795),

---

constater la présence de l'Enfant. Chabot et Drouet—l'homme de Varennes — qui faisaient partie de cette députation, ordonnèrent de faire descendre Louis XVII dans le jardin, afin qu'il y fût vu par la garde montante. L'Enfant se plaignit d'être séparé de sa mère. On lui imposa silence. » (Imbert de Saint-Amand, *Les Dernières années de Marie-Antoinette*, dans le *Correspondant* du 19 novembre 1879 ; — de Beauchesne, t. II, p. 71.

[1] On lit dans les *Mémoires de Napoléon Bonaparte* (Paris, Gosselin, 1834, 4 vol. in 8°, t I, p. 224) un passage souvent cité comme preuve des bruits qui circulèrent à cette époque et de l'autorité qu'y auraient donnée les confidences de Joséphine à son mari : « Joséphine, dès l'époque de notre mariage (9 mars 1796), me parut très convaincue de l'exactitude de ce second récit d'enlèvement du Dauphin, du consentement des Comités. Elle se croyait très avant dans cette intrigue, et m'en parla avec bonne foi, en me désignant à qui le prince avait été remis, en quel lieu on le cachait et en quel temps on le ferait reparaître. » On se gardait bien d'ajouter que ces *Mémoires* sont absolument apocryphes. Ils sont l'ouvrage du baron de Lamothe-Langon qui, dans les nombreuses compilations qu'il a publiées sous le nom des contemporains célèbres, est souvent revenu sur cette légende Il fait affirmer, d'ailleurs, à Napoléon que le Dauphin est mort au Temple, empoisonné par le Comité de salut public, et que Tallien et Cambacérès lui en ont fait l'aveu.

et qu'au nombre de ces articles figurait la promesse de remettre les Orphelins du Temple aux mains de ces chefs, avant le 19 juin 1795. La nécessité de préparer de longue main cette remise, avait fait ajourner l'exécution à cette date [1]. Aucuns voulaient même que la reconnaissance du jeune Louis XVII, en qualité de Roi, eût été solennellement promise. Sur ce point toutefois, il y avait plus d'incertitude que sur la remise elle-même. Il n'en fallait pas davantage pour exciter les esprits dans des sens contraires, les uns se persuadant que le Dauphin avait dû être libéré en exécution des prétendus Articles, les autres que, pour se soustraire à cette exécution, on l'avait empoisonné.

Ce qu'il y a de certain, c'est qu'entre 1795 et 1800, plusieurs individus cherchaient déjà à exploiter à leur profit l'évasion supposée et à se faire passer pour le Dauphin, mais discrètement, à huis clos pour ainsi dire, et sans même que l'histoire ait retenu leurs noms.

Le branle, une fois donné, ne s'arrêta pas, quoique les circonstances qui avaient amené l'apparition des premiers faux Dauphins ne fussent plus les mêmes. Leur nombre est effrayant. Pendant plus de cinquante ans, ils ont tenu la curiosité et la crédulité publique en haleine, non seulement en France, mais à l'étranger. Chacun d'eux a son rôle particulier. Quant à leurs systèmes, nous avons déjà dit et l'on va voir qu'ils furent en grande partie calqués les uns sur les autres ; ils gardèrent l'empreinte de leur commune origine.

Mais avant d'aborder chacune des figures dont se compose cette singulière galerie, il importe de préciser aussi exactement que possible les circonstances de la mort au Temple du jeune Louis XVII, les actes qui la prouvent, et de répondre aux objections que, de concert ou séparément, les partisans des faux Dauphins ont présentées pour contester la réalité de cette mort, l'authenticité de ces pièces.

Il ne manque pas, en effet, de personnes instruites et

---

[1] Nous avons publié sur ce point une Étude critique dans la *Revue des questions historiques* (janvier 1881), et nous y avons ramené la légende des *Articles secrets* à ses véritables proportions : entretiens entre les négociateurs sur la remise des enfants et peut-être sur le rétablissement de la monarchie, et promesses plus ou moins vagues ; rien d'écrit, rien même de positivement arrêté.

désintéressées, qui, tout en répudiant toute solidarité avec les partisans de Richemont, de Naündorff ou de La Roche, tout en reconnaissant qu'aucun de ceux qui ont pris la qualité de Louis XVII n'y avait le moindre droit et qu'ils n'étaient que des fous ou des imposteurs, inclinent cependant à penser que le véritable Louis XVII aurait été arraché du Temple [1]. Un académicien, qui ne peut toucher aux questions historiques, non plus qu'aux autres, sans y laisser la marque de son ingénieuse érudition et de son charmant esprit, M. Sardou, serait, paraît-il, de cet avis [2].

Nous leur en demandons humblement pardon, mais nous sommes convaincu que ces personnes se trompent.

Nous avons peine à croire à une évasion dont le héros serait resté volontairement ou involontairement dans l'obscurité ; à un Dauphin assez ignorant ou assez dédaigneux de ses droits pour ne pas chercher à les faire valoir ; à des libérateurs reniant l'Orphelin qu'ils ont sauvé en exposant leur vie, ou laissant périr un secret d'un si grand prix, sans le révéler à leurs amis, a ceux du Dauphin, au Dauphin lui-même.

Nous craignons aussi que nos contradicteurs n'aient pris trop au sérieux quelques assertions émises par les partisans des faux Dauphins avec une intention qui n'était rien moins que désintéressée. Dates, documents, témoignages, ils ont tout dénaturé, tout falsifié, et l'on a pu, de très bonne foi, admettre d'autant plus facilement certaines prémisses de leurs raisonnements, qu'on était plus décidé à en rejeter la conséquence.

[1] Deux historiens ont traité la question, à ce point de vue, sans la résoudre positivement.
M. Louis Blanc (*Histoire de la Révolution*, t. XII, p. 323 et suiv.), s'épuise en subtils efforts pour tâcher de démontrer qu'il est possible que le Dauphin ait été arraché du Temple, avec le parti pris et avoué d'induire de ce mystère, « comme enseignement, la preuve des machinations ténébreuses auxquelles peut donner lieu le principe de la monarchie de droit divin, de la part de ceux qui le redoutent ou veulent le faire tourner à leur profit. » De pareilles préoccupations ne pouvaient guère lui laisser la liberté de son jugement. Frédéric Bulau, l'auteur des *Personnages énigmatiques* (Traduction de M. Duckett, Paris, 1831, t. III, p. 271) conclut en ces termes d'une extrême réserve : « Il n'est pas parfaitement démontré que la mort de Louis XVII soit chose indiscutable. » Que ne peut-on pas discuter ?
[2] *Figaro*, 7 mars 1882. Les raisons par lesquelles M. Sardou motiverait son opinion, d'après le correspondant du *Figaro*, sont peu décisives ; nous ne savons s'il en a d'autres.

Nous donnerons donc nos preuves du décès.

Nous répondrons aux objections.

Nous mettrons sous les yeux des lecteurs la version du *Cimetière de la Madeleine*, version romanesque et mensongère, de l'aveu de tout le monde, de ceux-là même qui se la sont appropriée et l'ont suivie littéralement.

Puis, nous placerons en regard de l'histoire et du roman le langage et l'attitude de chacun des faux Dauphins, séparément et successivement, en donnant nécessairement plus de développements aux notices qui concernent les plus habiles ou les plus heureux, ceux qui ont joué un rôle d'une certaine importance, et en relevant les plus gros de leurs mensonges et de leurs contradictions.

Ce chapitre se subdivisera naturellement en quatre parties.

Première période, 1796 à 1830 : Les précurseurs de Richemont et de Naûndorff; — Richemont; - Naûndorff ; — dernière période : Successeurs de Richemont et de Naûndorff jusqu'à nos jours.

Nous terminerons par quelques documents authentiques, inédits, qui prouveront que leurs systèmes à tous reposant sur une base commune, l'intervention de Frotté dans l'évasion prétendue, cette base leur manque à tous également.

I

LA MORT DE LOUIS XVII.

Nous n'avons pas à raconter ici la vie si courte et si longue par la douleur du jeune prisonnier ; cette vie se résume dans ces deux mots d'une éloquente simplicité : *né à Versailles, mort au Temple.* Les détails en sont partout, et surtout dans le beau livre de M. de Beauchesne [1].

---

[1] *Louis XVII, sa Vie, son Agonie, sa Mort ; Captivité de la Famille royale au Temple.* Paris, 1852, 2 vol. in-8o. Autres éditions en 1853, 1861, etc.

Cet ouvrage obtint un très grand succès. Il eut plusieurs éditions en peu de temps. Le public l'adopta. L'Académie française le couronna. L'auteur avait naturellement réuni toutes les preuves qui établissaient les longues souffrances et la mort trop réelle du pauvre enfant. C'en était assez pour irriter contre lui, contre son succès, tous les faux Louis XVII et leurs adeptes ; aussi prirent-ils M. de Beauchesne à partie avec une extrême violence, l'accusant d'erreur et même de mensonge sur une foule de points, et prétendant qu'il avait écrit le roman et non l'histoire du Temple. « Ce

Il fut enfermé au Temple, le 13 août 1792, avec toute sa famille. Il avait alors sept ans et demi, étant né le 27 mars 1785.

A la fin d'octobre, on le sépara de sa mère pour le loger avec le Roi au second étage de la Tour. La Reine, Madame Royale et Madame Élisabeth occupaient le troisième étage. On le rendit à sa mère, le 11 décembre, quand Louis XVI fut traduit à la barre de la Convention. On le lui arracha définitivement le 4 juillet 1793, pour le remettre aux mains du cordonnier Simon, choisi comme instituteur par le Conseil général de la Commune. Il ne devait pas, croyons-nous, la revoir. L'enfant fut réintégré sous la garde du couple Simon, au second étage. L'éducation qu'il y

n'est qu'un barbouilleur d'histoire, » écrivait de sa main pseudo-royale le faussaire Naündorff ; « son œuvre est indigne..... Simon et sa femme ont été moins cruels que cet empoisonneur de la vérité » (*Lettre* à Gruau, citée dans *Non ! Louis XVII n'est pas mort au Temple*, p. 111) ; et deux prêtres, fort respectables d'ailleurs, le qualifiaient non moins durement devant nous, il y a quelques jours à peine. Les écrivains de l'école révolutionnaire firent naturellement chorus, et dans leur désir d'atténuer l'horreur et l'infamie des traitements dont leurs amis avaient accablé la victime, ils reprochèrent à M. de Beauchesne ses exagérations et sa crédulité : reproches peu sincères ou peu réfléchis. Beauchesne n'avait point inventé les faits qu'il retraçait. Il en avait trouvé les éléments dans des écrits publiés depuis longtemps et qui n'avaient jamais été contredits sérieusement, notamment dans celui d'Eckard, *Mémoires historiques sur Louis XVII*, dont M. Louis Blanc lui-même loue la rédaction judicieuse, et dans ceux d'Antoine et de Serieys*. C'est à l'histoire que, sous son nom, on faisait le procès.

Tout au plus aurait-on pu lui reprocher de n'avoir pas tenu un compte suffisant des désordres et de l'affaisement survenus dans l'esprit du jeune prisonnier, par suite de l'affreux régime auquel il était soumis.

Peut-être aussi, avait il eu tort de ne pas indiquer au bas des pages de son livre, les sources où il avait puisé. Il aurait ainsi permis de vérifier l'exactitude de ses récits et repoussé d'avance certaines objections. Voir M. Louis Blanc, *Histoire de la Révolution française*, t. XII, ch. IX. — *L'Intermédiaire des Chercheurs et des Curieux*, 1874, col. 148 ; — M. Nauroy, *La Nouvelle Revue*, 15 février 1882 ; — etc.

* *Mémoires historiques sur Louis XVII, roi de France et de Navarre,.... suivis de fragments historiques recueillis au Temple par M. de Turgy, et de notes et pièces justificatives : dédiés et présentés à son Altesse Royale Madame Duchesse d'Angoulême*, par M. Eckard, ancien avocat, chevalier de la Légion d'honneur, troisième édition. Paris, H. Nicolle, 1818, in-8º.

Vie du jeune Louis XVII; par A. Antoine (de St-Gervais). Paris, Blanchard et Chanson, 1815, in-18. — 3e édit. Les mêmes, 1824, in-18.

Le Règne de Louis XVII, contenant des détails sur la régence de Monsieur ; diverses particularités, etc., par un ancien professeur d'histoire (Antoine Serieys). Paris, Plancher, 1817, in-8º.

reçut, les traitements qu'il y essuya, les sentiments que le mari et la femme lui témoignèrent à l'envi, appartiennent à l'histoire.

Mais un arrêté du 2 janvier 1794 (13 nivôse an II) ayant interdit le cumul des fonctions de membre du Conseil général et des emplois salariés par l'État, Simon dut résigner ses fonctions d'instituteur.

Il quitta, avec sa femme, la Tour du Temple, le 19 janvier 1794, pour n'y plus rentrer. Leur dén.énagement se fit avec bruit et les prisonnières de l'étage supérieur, — Madame Élisabeth vivait encore, — crurent que c'était le jeune Louis qu'on emmenait ailleurs [1].

Simon ne fut pas remplacé ; mais le prisonnier fut resserré avec un redoublement de précautions et de rigueurs cruelles. On le relégua dans une chambre obscure, dont la porte fut condamnée et grillée de haut en bas, avec des barreaux de fer. Un guichet avec tablette, pratiqué à hauteur d'appui, servait à lui passer ses chétifs aliments. Ni air, ni lumière, ni promenade, ni visite d'un parent, d'un ami quelconque. Un taudis qui n'était pas balayé ; un grabat qui n'était pas remué. La prison cellulaire dans toute son horreur, appliquée à un pauvre enfant de neuf ans ! La privation d'air et d'exercice, l'abandon, l'ennui, la terreur de la solitude rongeaient sa vie, et le jetèrent — était-ce le but que se proposaient ses persécuteurs ? — dans un marasme physique et moral effrayant.

Cela dura six mois entiers.

A la chute de Robespierre, Barras visita le Temple, vit le Dauphin et lui parla [2].

Dès le 11 thermidor, un arrêté des Comités de Salut public et

---

[1] « Le 19 de janvier, nous entendîmes un grand bruit chez mon frère, ce qui nous fit conjecturer qu'il s'en allait du Temple, et nous en fûmes convaincues quand, regardant par un trou de notre abat-jour nous vîmes emporter beaucoup de paquets.... Mais j'ai su depuis que c'était Simon qui était parti. » *Mémoires écrits par Madame* (duchesse d'Angoulême) *sur la captivité de la famille royale au Temple* ; édition donnée sur le texte original. Paris, Poulet-Malassis, 1862, in-12, p.102. Michelet, *La Révolution française*, t. V, conteste à tort l'authenticité de ces *Mémoires*.

[2] Lombard de Langres, *Mémoires anecdotiques pour servir à l'Histoire de la Révolution française*, 1823, T. I, p 128 ; *Lettre* de M. P. Grand, citée dans les *Mémoires* de Gisquet et dans beaucoup d'autres ouvrages ; — Autre du même à M. Dupré-Lasalle, 2 juin 1851.

de Sûreté générale nomma gardien provisoire des enfants du Temple, un nommé Laurent[1].

Laurent était un chaud patriote, mais un honnête homme. Saisi de pitié à la vue de l'état de misère et de souffrance du jeune Louis, il demanda aux Comités de faire une enquête. Les grilles furent supprimées, les abat-jours diminués de hauteur, la chambre nettoyée et purifiée. Les plaies que l'enfant avait à la tête et au cou furent bassinées et pansées ; on renouvela son linge et son costume ; on l'autorisa à monter quelques fois sur la Tour pour s'y promener.

Le 8 novembre, Gomin fut adjoint à Laurent [2]. C'était un ancien tapissier, prudent, timide, mais doux et bon, qui n'est mort qu'en 1841, et qui a pu raconter beaucoup de choses. De plus, un délégué des Sections de Paris, venait tous les jours « exercer les fonctions de gardien, concurremment avec les deux nommés à poste fixe [3]. »

L'état de l'enfant, malgré les adoucissements apportés à sa captivité, continuait d'être inquiétant. Il avait des tumeurs à toutes les articulations et particulièrement aux genoux ; il était toujours silencieux et se refusait à toute espèce d'exercice. Le Conseil de la Commune crut devoir avertir le Comité de Sûreté générale, qui désigna un de ses membres, Harmand (de la Meuse), lequel avait dans ses attributions la police de Paris, pour aller au Temple, avec deux de ses collègues [4], s'assurer de la vérité.

Cette visite eut lieu le 27 février 1795. Il n'en fut pas dressé de rapport, mais Harmand, en 1814, en publia un récit très détaillé, qui fit grande sensation, et qui est resté une des pièces capitales de la discussion qui nous occupe [5].

---

[1]   Ils m'ont jeté vivant sous des murs funéraires,
disait Victor Hugo dans son *Ode : Louis XVII*, écrite à vingt ans, et la plus admirable peut-être qu'il ait composée.
  Constatons en passant que Michelet, *le sensible*, n'a pas eu un mot de blâme pour ces atrocités, pas un mot de pitié pour la victime. M. Louis Blanc reproche avec raison aux Thermidoriens leurs cruautés envers le Dauphin, mais ils n'avaient fait que suivre les errements des Montagnards.

[2] Il importe de constater que ce fut sur les instances réitérées de Laurent qui ne voulait pas porter seul la responsabilité d'un pareil dépôt, qu'un adjoint lui fut accordé (Beauchesne, t. II, p. 222-223).

[3] *Rapport* de Mathieu à la Convention, 2 décembre 1794.

[4] Mathieu et Réverchon, tous deux régicides.

[5] *Anecdotes relatives à quelques personnes et à plusieurs événements remarquables de la Révolution.* Paris, Beaudouin, 1814, in-8° ; — 2° édition,

L'enfant avait l'attitude et l'aspect du rachitisme, et des tumeurs aux articulations. Il refusa obstinément de répondre aux questions douces ou menaçantes des délégués, tout en obéissant aux ordres qui lui étaient donnés. Les Commissaires leur déclarèrent qu'il avait gardé ce silence absolu depuis le 6 octobre 1793, jour où on lui avait fait subir contre sa mère l'horrible interrogatoire que chacun sait.

Laurent quitta le Temple le 19 mars 1795 (9 germinal an III), réclamé par les soins à donner à ses affaires personnelles [1].

Quelques jours après, il fut remplacé par Lasne [2], peintre en bâtiments, ancien garde-française, capitaine des grenadiers du bataillon du Petit Saint-Antoine, brave homme aussi, et qui n'eut pour ses prisonniers que de bons procédés.

Au commencement de mai, les gardiens, effrayés de l'aggravation du mal, avertirent le Gouvernement. *Le petit Capet est indisposé*, écrivirent-ils sur le registre. On ne tint pas compte de cet avertissement. Ils le renouvelèrent en termes plus positifs : *Le petit Capet est dangereusement malade.* On ne répondit pas encore. Ils ajoutèrent : *Il y a crainte pour ses jours*, et le Comité de Sûreté générale se décida enfin à envoyer au Temple le fameux Desault (6 mai).

Desault trouva le malade dans un état des plus fâcheux, et ne dissimula pas qu'il était appelé trop tard; il prescrivit des tisanes et des frictions.

Madame Royale sut que son frère allait fort mal; ses supplications pour le voir et le soigner furent rejetées.

Desault, qui venait tous les jours, ne parut ni le 31 mai ni le lendemain. Atteint d'un mal violent, il mourait le même jour, 1er juin.

Jusqu'au 5 juin, l'enfant ne fut visité par aucun autre médecin.

---

augmentée... Paris, Maradan, 1830, in-8°. Le Récit d'Harmand a été reproduit par Eckard, par Beauchesne et dans beaucoup d'autres ouvrages.

Harmand qui cherchait à se faire pardonner par la Restauration certains écarts révolutionnaires et qui écrivait vingt-quatre ans après l'événement, ne doit être lu qu'avec une certaine précaution. Quelques-unes des détails qu'il donne ont été démentis par Gomin, présent à l'entrevue. L'exagération de son royalisme rétrospectif pouvait troubler la sûreté de sa mémoire.

[1] Il mourut à Cayenne, le 22 août 1807.

[2] Lasne est mort à Paris, le 17 avril 1841.

Ce jour-là seulement, Pelletan, chirurgien en chef du grand hospice de l'Humanité, fut envoyé au Temple.

Il trouva l'enfant si malade qu'il crut devoir demander l'adjonction d'un confrère. On lui adjoignit, en effet, Dumangin, premier médecin de l'hôpital de l'Unité. Ils firent transporter l'enfant dans une autre chambre plus claire et plus saine. Ils demandèrent l'envoi d'une garde-malade, qui n'eut pas le temps d'arriver, et sa dernière nuit d'insomnie, le malade dut la passer seul, comme toutes les autres, « côte à côte avec la souffrance, sa vieille compagne. »

Le 8 juin, à deux heures un quart de l'après midi, il s'éteignait dans les bras de Lasne, en murmurant le nom de sa mère et de sa sœur...

Le cadavre fut aussitôt rapporté dans la chambre où pendant deux ans il avait tant souffert, et dont les portes, si longtemps fermées, s'ouvraient enfin...

Gomin et Damont, Commissaires de service, virent le mort[1].

Gomin se rendit immédiatement au Comité de Sûreté générale, mais la séance de la Convention était levée. On lui recommanda de ne pas ébruiter le décès jusqu'au lendemain[2].

Le jour même, Bourguignon, un des secrétaires du Comité de Sûreté générale, vint constater personnellement le décès[3].

Le lendemain, 9 juin, à huit heures du matin, quatre membres de ce Comité vinrent à leur tour faire la même constatation. Ils s'en acquittèrent avec une froide indifférence[4]. On ne peut supposer que les larmes eussent troublé la clarté de leur vue. « L'événement n'ayant pas d'importance, dirent-ils, il suffira que le Commissaire de police reçoive la déclaration du décès, le constate et fasse procéder à l'inhumation sans aucune cérémonie. »

Ils décidèrent toutefois que les officiers et sous-officiers de la garde montante et de la garde descendante, seraient autorisés à visiter le corps de l'enfant.

Le même jour, 9 juin, Sévestre monta à la tribune de la Convention, au nom du Comité de Sûreté générale.

« Depuis quelque temps, dit-il, le fils de Capet était incommodé

---

[1] Beauchesne, t. II, p. 331.
[2] Eckard, p. 286 ; — Beauchesne, p. 307.
[3] Les mêmes, Ib.
[4] Les mêmes.

par une enflure au genou droit et au poignet gauche. Le 1er floréal
(20 avril) les douleurs augmentèrent, le malade perdit l'appétit, et la
fièvre survint. Le fameux Desault, officier de santé, fut nommé pour
le voir et le traiter. Ses talents et sa probité nous répondaient que
rien ne manquerait aux soins qui sont dûs à l'humanité.

« Cependant la maladie prenait des caractères très graves. Le 16
de ce mois (5 juin).Desault mourut [1]. Le Comité nomma pour le remplacer, le citoyen Pelletan, officier de santé très connu, et le citoyen
Dumangin, premier médecin de l'hôpital de Santé, lui fut adjoint.

« Leurs bulletins d'hier, à onze heures du matin, annonçaient des
symptômes inquiétants pour la vie du malade ; et à deux heures un
quart de l'après-midi, nous avons reçu la nouvelle de la mort du fils
de Capet. Le Comité de Sûreté générale nous a chargés de vous en
informer; tout est contrôlé [2]. »

L'assemblée et les tribunes restèrent impassibles.

Au même moment, quatre médecins, désignés par le Comité
de Sûreté générale, Pelletan, Dumangin, Lassus et Jeanroy,
faisaient l'autopsie. « Nous avons trouvé sur un lit, portait
le procès-verbal, le corps mort d'un enfant qui nous a paru âgé
d'environ dix ans, que les Commissaires nous ont dit être celui
du fils de défunt Louis Capet, et que deux d'entre nous ont
reconnu pour être l'enfant auquel ils donnaient des soins depuis
plusieurs jours. » Ils ne constatent aucune trace de poison. « La
mort est le résultat d'un vice scrofuleux existant depuis longtemps [3]. »

Le même jour enfin, les officiers et sous-officiers de la garde
purent voir le corps, en présence du Commissaire Damont et de
trois autres Commissaires chargés du service de garde pour les
jours suivants [4]. Beaucoup reconnurent l'enfant. Ils l'avaient vu
jadis aux Tuileries ou dans le jardin du Temple. Procès verbal
fut dressé et signé par une vingtaine d'entr'eux, commandant,
capitaines et autres [5].

---

[1] Erreur : il mourut le 1er juin.
[2] *Moniteur ;* — Eckard, p. 288 ; — M. Louis Blanc, p. 354.
[3] Eckard, p. 487 ; — Beauchesne, p. 311 ; — etc.
[4] Nous avons eu le bonheur de retrouver et nous publions en Appendice
une Note bien précieuse de l'un de ces Commissaires, Guérin.
[5] Eckard, p. 286 ; — Bauchesne, p. 309 ; — Guérin, *Précis* mss.

Le lendemain, 10 juin, était dressé l'acte suivant :

CAPET[1]. Section *du Temple, l'an troisième de la République française, du vingt deux Prairial, Décès de Louis Charles Capet âgé de dix ans deux mois,* profession — domicilié à *Paris, aux Tours du Temple, fils de Louis Capet dernier roi des Français, et de Marie Antoinette Josèphe Jeanne d'Autriche.*

Le deffunt est né à Versailles et décédé avant hier à trois heures après midi.

Sur la réquisition à nous faite dans les vingt-quatre heures, par *Etienne Lasne* âgé de *trente-neuf* ans, profession *Commandant en chef de la Section des Droits de l'homme,* domicilié à *Paris sur la section des Droits de l'homme n° 48,* le déclarant a dit être *Gardien des Enfants de Capet,* et par *Jean Baptiste Gomin,* âgé de *trente-huit* ans, profession *Cit. français, Commandant en chef de la Section de la Fraternité,* domicilié à *Paris rue de la Fraternité n° 39,* le déclarant a dit être *Commissaire de la Convention pour la garde du Temple. La présente déclaration a été reçue en présence des citoyens Nicolas Laurent, Arnoult et Dominique Goddet, commissaires civils de la section du Temple, au terme de l'arrêté du Comité de Sûreté générale en date de ce jour qui ont signé avec nous.*

Constaté suivant la loi du 20 décembre 1792, par nous Commissaire de Police de la susdite section, DUSSERT.

LASNE, — *ARNOULT, commissaire,* — *GODDET, commissaire,* — *GOMIN* [1].

Il ne restait plus qu'à procéder à l'inhumation.

Le 10 juin, à huit heures du soir, le corps fut transporté au cimetière de Sainte-Marguerite et déposé dans la fosse commune.

Le 12 juin, l'acte de décès est rédigé ; le voici :

364. « *Du vingt-quatre prairial* de l'an *Trois* de la République, *ACTE DE DÉCÈS de Louis Charles Capet, du vingt de ce mois, trois heures après-midi,* âgé de *dix ans deux mois,* natif de *Versailles, département de Seine et-Oise,* domicilié à *Paris, aux Tours du Temple, Section du Temple, fils de Louis Capet, dernier Roy des Français, et de Marie-Antoinette-Josèphe-Jeanne d'Autriche.*

Sur la déclaration faite à la maison commune, par *Etienne Lasne,* âgé de *trente-neuf* ans, profession *gardien du Temple,* domicilié à

---

[1] Ce procès verbal fut inséré dans le registre-journal de la Tour du Temple, qui fut plus tard déposé au Ministère de l'Intérieur.

[2] Les mots en italiques sont seuls écrits à la main.

Paris, rue et section des Droits de l'Homme, 48. Le déclarant a dit être *voisin*, et par *Rémy Bigot*, âgé de *cinquante-sept* ans, profession *employé*, domicilié à *Paris, Vieille rue du Temple 61*, le déclarant a dit être *ami.*

VU LE CERTIFICAT de *Dussert*, Commissaire *de police* de ladite Section *du vingt-deux de ce mois.*

OFFICIER PUBLIC Pierre-Jacques Robin.

LASNE commandant en chef Son des Droits de l'Homme. — *ROBIN — BIGOT.*

Nous verrons tout à l'heure quels incidents, plus bruyants que sérieux, devaient soulever cette autopsie, ces actes mortuaires et cette inhumation.

Nous avons dû nous borner ici à l'exposé, sans commentaires, des faits et des actes qui concernent le décès de Louis XVII.

Nous le disons avec une pleine conviction, jamais décès ne fut constaté d'une manière plus légale, plus régulière, plus complète, que celui de Louis-Charles Capet.

Il l'est, en effet, par la visite du corps et par la reconnaissance des deux gardiens, Lasne et Gomin, dans les bras desquels il est mort ;

Par celle du Commissaire de service Damont ;

Par celle de trois autres Commissaires ;

Par celle de Bourguignon, secrétaire du Comité de Sûreté générale ;

Par celle de quatre membres de ce Comité ;

Par celle des officiers et sous-officiers de la garde montante et de la garde descendante ;

Par celle du commissaire de police Dussert.

Tous, sans doute, ne connaissaient pas également l'ex-Dauphin ; tous n'avaient pas examiné le petit cadavre avec la même attention ; mais, parmi ces témoins, il y en avait beaucoup qui pouvaient attester l'identité avec toute certitude ; pas un ne l'a révoquée en doute.

S'il s'agissait d'un simple particulier, aucun doute ne s'élèverait sur la réalité du décès, non plus que sur l'identité de l'enfant décédé au Temple le 8 juin 1795.

Mais c'était un fils de Roi ; il avait dû être Roi lui-même ; il en porta le titre parmi les fidèles qui, en France ou à l'étranger, combattaient pour sa cause..... Et les Rois ne peuvent ni naître, ni mourir comme les autres hommes.

De là, les intérêts, les passions, les controverses, les paradoxes historiques qui se sont agités autour de son nom.

Constatons encore que ses ennemis ont annoncé et affirmé sa mort ; que ses fidèles, dont nous parlions tout à l'heure, y ont cru également ; qu'à l'Armée de Condé, qu'en Vendée, que dans toutes les Cours où la vieille monarchie française avait encore des représentants, Louis XVIII fut proclamé Roi de France, et qu'il ne pouvait l'être, si son neveu existait encore, sans la plus odieuse et la plus sacrilège usurpation.

La supposition que la reconnaissance d'un enfant mineur, comme Roi de France aurait pu entraîner des embarras, est chimérique. Roi ou Régent, c'était toujours le comte de Provence qui devait exercer le pouvoir. Il n'avait pas d'enfants. La ferveur monarchique était encore très vive et se serait ranimée autour d'un nouveau Joas miraculeusement sauvé.

Le secret de son existence ne pouvait être si bien gardé qu'il n'en transpirât quelque chose ; trop de gens y auraient été initiés.

Le secret ! mais les faux Louis XVII ont prétendu qu'il n'y en avait pas, et qu'ils avaient été publiquement reconnus, proclamés par leurs fidèles !

Le mensonge de la mort du Dauphin lui créait donc, comme à ses partisans, beaucoup plus de complications et de difficultés que ne pouvait faire l'aveu de sa vie.

La supposition que la reconnaissance de Louis XVII, évadé du Temple, en qualité de Roi, aurait été entravée par les difficultés existant entre les émigrés et les insurgés de l'intérieur, n'est pas moins chimérique. On connaît la nature et les causes de ces difficultés. Des documents sans nombre montrent la Vendée appelant en vain les Princes pour se mettre à sa tête, et l'émigration entravant trop souvent les efforts héroïques qu'elle ne vient pas partager. Mais pas un de ces documents, on peut l'affirmer, pas un seul, public ou privé, qui ait trait à l'existence ou aux droits, tenus plus ou moins en suspens, de Louis Charles. Tous, émigrés et vendéens, ont le même roi et le servent avec la même ardeur, bien que par des moyens différents : Louis XVII avant 1795, Louis XVIII après. Il est facile de jeter en avant des insinuations contraires ; l'histoire et le bon sens les démentent également.

II

OBJECTIONS ET RÉPONSES.

Contre cette situation si simple, contre cette vérité si vraie, on a trouvé moyen de soulever des montagnes d'objections.

La plupart sont puériles et ridicules, et nous avons quelque peu honte d'y répondre sérieusement ; mais, en somme, ce n'est pas notre faute si elles ont été faites, et si d'honnêtes gens et même des gens d'esprit s'y sont laissés prendre.

Écartons d'abord la question de l'empoisonnement du Dauphin et celle de l'empoisonnement de Desault.

On crut dans le temps [1], on a répété depuis et beaucoup de

---

[1] Delille se fit l'écho de ces soupçons dans ces vers du poème de *la Pitié*, qui eurent beaucoup de retentissement :

> Louis sur l'échafaud a terminé sa vie ;
> Son Epouse n'est plus, et sa Sœur l'a suivie ;
> D'effroyables malheurs ont banni ses parents.
> Seul, au fond de sa Tour, sous l'œil de ses tyrans,
> Un fils respire encore, il n'a pour sa défense
> Que ses traits enchanteurs et que son innocence :
> Contre tant de faiblesse a-t-on tant de courroux ?
> Cruels ! Il n'a rien fait, n'a rien pu contre vous.
> Veille sur lui, grand Dieu ! Protecteur de sa cause,
> Dieu puissant ! c'est sur lui que notre espoir repose.
> Accueille ses soupirs, de toi seul entendus ;
> Qu'ils montent vers ce ciel qu'hélas ! il ne voit plus.
> Tu connais ses dangers et tu vois sa faiblesse.
> Ses Parents ne sont plus, son peuple le délaisse ;
> Que peuvent pour ses jours ses timides amis ?
> Les assassins du Père environnent le Fils ;
> Sa ruine est jurée. A peine leur furie
> Lui laisse arriver l'air, aliment de la vie.
> Son courage naissant et ses jeunes vertus
> Par le vent du malheur languissent abattus.
> Leurs horribles conseils et leur doctrine infâme,
> En attendant son corps empoisonnent son âme.
> Déjà même, déjà de sa triste prison
> La longue solitude a troublé sa raison.
> Quoi ! n'était-il donc plus d'espoir pour sa jeunesse ?
> De l'amour maternel l'ingénieuse adresse,
> Le zèle, le devoir, pour défendre ses jours,
> Étaient-ils sans courage ? Etaient-ils sans secours ?

gens sont encore convaincus aujourd'hui, que le Dauphin mourut empoisonné dans un plat d'épinards. Nous n'en croyons rien. L'autopsie ne révéla aucune trace de poison, et les mauvais traitements dont ce pauvre enfant avait été accablé ne suffisent que trop pour expliquer sa fin prématurée. L'odieux langage de plusieurs Conventionnels, leurs vœux et leurs menaces homicides devaient attirer naturellement sur eux les soupçons dont leur mémoire est restée flétrie [1]; mais il n'en résulte pas la preuve suffisante qu'ils aient hâté la mort qu'ils désiraient. Plus coupables, ils eussent été

> Abner sauva Joas ; sous l'œil même d'Ulysse,
> Un faux Astyanax fut conduit au supplice.
> Mais quoi ! pour remplacer cet enfant plein d'attraits,
> Quel visage enchanteur eût imité ses traits ?
> L'œil le moins soupçonneux eût percé le mystère,
> Et la beauté du fils aurait trahi la mère.
> Aujourd'hui plus d'amis, de sujets, de vengeur ;
> Chaque jour dans son sein verse un poison rongeur.
> Quelles mains ont hâté son atteinte funeste ?
> Le monde apprit sa fin ; la tombe sait le reste.
>
> (Ch. III.)

[1] En voici quelques échantillons, empruntés textuellement au *Moniteur*. Le 22 janvier 1795, Brival s'écriait en pleine Convention : « Je m'étonne qu'au milieu de tant de crimes inutiles, commis avant le 9 thermidor, on ait épargné les restes d'une race impure ! » Ce mot « un des plus horribles — c'est M. Louis Blanc qui l'avoue — qui aient jamais souillé la tribune parlementaire, » excita, il est vrai, de violents murmures ; mais Billaud-Varennes avait pu dire, le 5 septembre 1793, sans soulever la même tempête : « un seul fil retient le fer suspendu sur la tête du fils du Tyran ; si les puissances coalisées font un pas de plus sur notre territoire, il sera la première victime du peuple. » Était-ce un appel au supplice juridique d'un enfant de huit ans, ou à son égorgement ? Le supplice aurait offert quelque chose de plus monstrueux encore.

Citons encore le Décret du 1er août 1793 qui porte que « la dépense des deux enfants de Louis Capet sera réduite à ce qui est nécessaire pour l'entretien et la nourriture de deux individus ; » — l'expulsion d'un nommé Cressant du Conseil de la Commune, pour avoir plaint le sort des deux jeunes prisonniers (*Moniteur*, 24 mars 1794), — et ce passage d'un Rapport de Mathieu, du 2 décembre 1794 : « Le Comité de Sûreté générale n'a en vue que le matériel d'un service confié à sa surveillance ; il est étranger à toute idée d'améliorer la captivité des enfants de Capet, ou de leur donner des instituteurs. Le Comité et la Convention savent comment on fait tomber la tête des Rois ; mais ils ignorent comment on élève leurs enfants. » Non pas qu'il y ait lieu d'assimiler ce langage et ces mesures aux horribles propos de Brival et de Billaud-Varennes, mais il en ressort bien la preuve de dédain affecté avec lequel durent être remplies les formalités nécessaires pour constater le décès du Dauphin et du parti pris de n'attacher à ce décès aucune importance officielle. Nous reviendrons bientôt sur ce point.

plus discrets. Ils n'avaient d'ailleurs qu'à laisser faire la prison, plus homicide que l'apothicaire.

Les constatations prescrites après le décès excluent aussi pour nous la pensée que le Comité de Sûreté générale en redoutât le résultat. Rien ne le forçait de les ordonner.

En voyant que l'esprit de parti ne recula pas devant l'accusation monstrueuse contre Desault d'avoir administré de sa main un poison lent à son jeune malade [1], on reculerait soi-même devant des soupçons bien autrement sérieux que ceux qu'on dirigea contre le Comité.

Est-il besoin de faire remarquer que l'empoisonnement du Dauphin serait exclusif du système des faux Dauphins qui prétendaient naturellement être sortis du Temple et avoir survécu ?

L'empoisonnement de Desault n'est pas mieux établi, bien que tous les faux Dauphins, à l'envi, l'aient allégué, et que M. Louis Blanc lui-même émette à cet égard les doutes les plus injurieux contre les Thermidoriens.

Pourquoi l'auraient-ils empoisonné ?

Parce qu'il aurait empoisonné lui-même le malheureux enfant, et qu'on aurait voulu ensevelir son secret avec lui ? Nous venons de répondre.

Parce qu'il aurait refusé, au contraire, de l'empoisonner ? Vengeance atroce, abominable, dangereuse, impossible ; car on ne fait d'ouvertures criminelles du genre de celle qu'il aurait reçue, qu'à ceux qui les ont déjà d'avance accueillies.

Parce qu'il aurait reconnu la substitution de l'enfant ? Comment Desault aurait-il attendu près d'un mois pour la révéler au Comité ? Ou, si cette révélation devait lui coûter la vie, pourquoi le Comité aurait-il attendu un mois pour s'assurer de son silence ?

La vérité est que Desault avait parfaitement reconnu le Dauphin dans l'enfant confié à ses soins, et l'avait dit à tout venant [2].

Tout ici est conjecture, invraisemblance et contradiction.

Un médecin éminent comme Desault peut mourir naturellement

[1] La Rue, *Histoire du Dix-huit fructidor*. Paris, 1821, 2 part. in-8°, t. I, p. 225 ; — Serieys, *Le Règne de Louis XVII* ; — Cléry, *Mémoires* ; — etc.
[2] Notamment à Beaulieu, auteur des *Essais historiques sur la Révolution de France* (t. VI, p. 296) et au libraire Nicole (Eckard, p. 298).

comme le premier venu de ses malades, mourir en quelques jours, à cinquante ans. Ses veilles et ses travaux même sont pour lui un danger de plus.

Les médecins qui entouraient son chevet, le fameux Bichat, notamment, ne crurent point au poison. « Quel est l'homme illustre, s'écriait-il à cette occasion, dont la mort n'a pas été le sujet des fausses conjectures du public, toujours empressé d'y trouver quelque chose d'extraordinaire ? Heureux celui dont ces conjectures honorent la mémoire [1] ! »

La mort, presque subite aussi, du pharmacien Choppart [2], six jours après celle de Desault, ne confirmerait-elle pas la supposition de l'empoisonnement de ce dernier?

L'empoisonnement du pharmacien pour cacher celui du médecin ! L'empoisonnement du médecin pour cacher celui du malade ! Trop de crimes inutiles autant qu'odieux.

Choppart n'entra jamais au Temple. Il ne vit point le Dauphin. Beauchesne affirme même que ce n'est pas lui qui fournissait les remèdes, bien simples, prescrits par Desault, mais des pharmaciens plus rapprochés du Temple et dont il donne les noms [3]. Eût-il été le fournisseur attitré, qu'il avait bien le droit de mourir rapidement comme tant d'autres.

Au milieu de ce carnage, on aurait laissé vivre les deux gardiens, témoins bien autrement redoutables !

Passons à des objections plus précises et plus saisissables.

La principale a été déduite du rapport de Harmand (de la Meuse) et du mutisme absolu dans lequel l'enfant se serait renfermé devant lui, mutisme que ses gardiens attribuaient à la crainte qu'on n'abusât encore de ses paroles, comme on l'avait déjà fait contre sa mère, et qui, il faut bien le dire, aurait été si étrange, à ce degré de constance héroïque et d'énergie soutenue pendant des années, chez un pauvre enfant de neuf ans.

Ajoutons qu'il est en pleine contradiction avec ce que nous

---

[1] Ce témoignage est bien autrement sérieux que les rumeurs d'un empoisonnement qui auraient circulé dans la famille de Desault (M. Louis Blanc, p. 352 ; — M. Nauroy, *les Secrets des Bourbons*, p. 68 ; — etc.). —

[2] Gruau en fait un chirurgien.

[3] Comment les savait-il ces noms? demande M. Louis Blanc (p. 356). La réponse est facile : par Gomin ou par Lasne, qu'il avait beaucoup vus et beaucoup questionnés.

savons des habitudes de l'enfant avant son entrée et même au commencement de son séjour au Temple, avec tout ce qu'ont raconté Lasne et Gomin, ses gardiens.

Aussi a-t-on dit : « Si l'enfant visité par Harmand était muet au point qu'il indique, ce ne pouvait être le Dauphin, mais un enfant muet substitué au Dauphin. »

Substitué quand ? comment ? par qui ? il faudrait le dire, et on ne le peut.

Mais cet enfant vu par Harmand, était-il absolument muet, et s'il gardait le silence, était-ce par la sublime et surnaturelle volonté qu'il suppose ?

Nous ne le croyons pas.

Nous faisons sa part au sentimentalisme royaliste de Harmand et aux exagérations qu'il aurait pu entraîner ; nous faisons la leur au long temps écoulé entre sa visite et le récit qu'il en fit, au caprice boudeur et passager d'un enfant, à la maladie dont souffrait cet enfant et qui le rendait silencieux toujours et vis-à-vis de tout le monde, à plus forte raison vis-à-vis d'un étranger [1].

L'enfant que l'on prétend avoir été substitué, aurait été sourd-muet. Or celui que vit Harmand entendait et comprenait ses ordres, ses observations. Il exécutait les mouvements prescrits. Il le regardait fixement, comme font les malades et les personnes dont l'esprit commence à se troubler. Il n'avait pas cet aspect particulier que présentent les sourds-muets, ce regard chercheur et inquiet, cette gesticulation convulsive, leur seul langage, qui frappent en eux, car Harmand s'en serait aperçu et l'aurait dit. Harmand, malgré l'étrangeté du cas, crut que

---

[1] Gomin, dans sa déposition faite en 1837 (*Gazette des Tribunaux*, 7 juin 1851) disait : « Plusieurs membres de la Convention sont venus visiter cet enfant, à l'époque où il fut confié à ma garde. Jamais il n'a fait de réponse aux questions qu'ils lui adressaient, ce qui a pu accréditer la version qu'il était muet. Il répondait volontiers aux sieurs Laurent et Lasne, ainsi qu'à moi. »

C'est dans le même sens que s'explique tout simplement le langage de Laurent à Gomin (décembre 1794), lors de son entrée au Temple : « L'avez-vous vu autrefois ? — Je ne l'ai jamais vu. — *En ce cas*, il se passera du temps avant qu'il vous dise une parole. » (Beauchesne, t. II, p. 220. M. Louis Blanc se donne beaucoup de mal pour en éluder le sens, si naturel (p. 337).

Barras vit l'enfant du Temple après le 9 thermidor II lui parla. L'enfant lui répondit. Barras connaissait et reconnut le Dauphin.

l'enfant était volontairement muet.Son récit affime cette croyance, et cette croyance est exclusive de l'idée d'une substitution.

« Ce serait pour dérober aux visiteurs l'enfant substitué et pour empêcher qu'il ne fût reconnu, que le Comité de Sûreté générale l'aurait relégué dans une pièce obscure et grillée, lui aurait interdit toute promenade et même aurait refusé à Hue, ancien valet de chambre de Louis XVI, qui la sollicitait, la permission de s'installer auprès de lui. »

M. Louis Blanc qui donne, un peu hypothétiquement il est vrai, ces étranges explications (p. 332, 351), n'avait qu'à relire les discours et les Rapports des membres des Comités ou de la Convention, pour y constater un parti pris de haine implacable, cause unique de ces abominables rigueurs.

« Lasne et Gomin ne mériteraient aucune confiance. »

Lasne et Gomin étaient d'honnêtes gens, dont la probité et la sincérité n'avaient jamais été mises en doute avant qu'il plût à Naündorff et à Richemond, à M. Louis Blanc et à M. Jules Favre de les présenter comme des hypocrites, des faussaires et des parjures [1].

Tous deux, il est vrai, ont fourni des renseignements à Beauchesne ; ce n'est ni un crime ni une faute.

Tous deux ont affirmé que l'enfant qu'ils avaient vu, gardé, soigné au Temple et qui y était mort dans leurs bras, était le Dauphin.

Cet enfant parlait peu, mais il parlait. Il ne répondait pas aux étrangers ; à eux il répondait.

Nulle incertitude sur son identité, attestée par ses traits, la tradition du Temple et son langage.

Sans doute, interrogés à différentes fois et par des personnes différentes — qui ont pu, comme il arrive si souvent, modifier leurs déclarations en les reproduisant — Gomin et Lasne ont varié sur certains détails [2].

Ainsi, ils ont pu, sous l'impression de souvenirs lointains et

---

[1] M. Sardou aurait dit (*Figaro*, 7 mars 1882) que « ces geôliers avaient conté à M. de Beauchesne, pour son argent, tout ce qu'il avait voulu. »
M. Louis Blanc les traite de « faux témoins » (356) ; le mot est dur.
[2] Les déclarations de la femme Simon vont nous offrir tout à l'heure des contradictions bien autrement choquantes.

variables, accentuer plus ou moins, tantôt le mutisme habituel du Dauphin, tantôt ses passagères expansions. Dans cet enfant malade, intelligent autrefois, mais dont l'intelligence vacillait prête à s'éteindre, il y avait nécessairement des intermittences de silence et de parole, de raison et de déraison qui expliquent les prétendues contradictions des deux gardiens. Ces contradictions ne sont probablement que des vérités successives.

Leur langage, trop uniforme, trahirait un apprêt, un parti pris que nous aimons mieux n'y pas trouver.

A toutes les époques, ils ont affirmé que le Dauphin était mort dans leurs bras. Ils ont signé cette déclaration qui, fausse, les vouait à une mort certaine. Lasne, un pied dans la tombe, la renouvelait par serment devant la justice.

« La femme Simon aurait affirmé l'évasion, et son témoignage devrait faire foi pleine et entière. »

C'est M. Nauroy qui, le premier, dans la *Nouvelle Revue*, a donné le texte des déclarations [1] faites par cette femme, en 1816 [2], à des agents de police chargés de l'interroger. Elle était à l'hospice des Incurables depuis 1796.

Cette femme avait alors soixante et onze ans. Elle avait été ivrognesse. « Elle jasait beaucoup, mais sans suite, ses organes étant affaiblis. » Elle mourut folle à Bicêtre [3].

Elle prétendait avoir été « gouvernante » du Dauphin, au Temple, et lui avoir rendu beaucoup de services. « Elle s'étonnait que Mᵐᵉ la Duchesse d'Angoulême, qui connaissait sa situation et l'utilité dont elle avait été à son auguste frère, ne fît rien pour elle. »

Elle affirmait que le Dauphin existait encore. Elle avait la certitude d'avoir reçu sa visite aux Incurables, 11 ans auparavant, au mois de juillet : il était accompagné d'un nègre ; il ne l'avait point nommée,

---

[1] Les procès verbaux de ces déclarations sont aux Archives nationales, *Sûreté générale*. Elles étaient connues depuis longtemps. Les *Mémoires d'un Contemporain*, 1843, p. 125, et Gravali, dans sa *Vie de Mgr le duc de Normandie*, 1850, p. 175, 274, 360, *Revue catholique*, en 1848, p. 258, en avaient parlé. Le Dʳ Rémusat, déposant devant la Cour d'Assises de la Seine, dans le procès de Richemont, avait attesté qu'en 1811 la femme Simon lui avait parlé de l'enlèvement.

[2] Rapports des 15 et 16 novembre, avec procès-verbaux à l'appui, 2 et 4 août 1817.

[3] Conclusions, dans l'affaire Naündorff, de M. le substitut Dupré-Lasalle qui s'était renseigné positivement sur ce fait et qui a bien voulu nous en réitérer l'assurance.

mais il avait posé la main sur son cœur et lui avait fait signe de garder le silence. Arrivé à son lit, sur lequel était un couvrepied bleu, il avait dit : « Je vois qu'on ne m'avait pas trompé. » Elle ne l'avait jamais revu.

Le Dauphin, quand elle l'avait quitté, au Temple, était bien portant.

C'etait par le cuisinier de la prison qu'elle avait connu l'enlèvement, et par une ses cousines, portière, qu'elle avait appris que le Prince vivait toujours.

Elle ne se vantait point d'avoir pris part à cet enlèvement.

« La veille du jour où la mort du jeune Prince fut annoncée par les papiers publics, elle vit, se trouvant à côté de l'École de chirurgie [1], passer la voiture du blanchisseur employé au Temple ; elle reconnut une manne ou panier, dans lequel on aura pu introduire un autre enfant destiné à être substitué au jeune Prince, qu'elle dit avoir été enlevé à cette époque. »

« Son opinion s'est fortifiée du propos qu'on attribue à M. Desault, chirurgien, qui, lorsqu'on lui présenta le cadavre du prétendu Louis XVII, dit qu'il ne reconnaissait point le corps du jeune prince, auquel il avait donné des soins précédemment. »

Beaucoup de personnes distinguées avaient été la voir et l'interroger.

Elle avait raconté son histoire à la duchesse de Berry qui faisait une visite aux Incurables ; elle était convenue avec elle d'un mot d'ordre (*Astikot-Morlinghot*) pour avoir des nouvelles du Prince.

Les religieuses disaient qu'elle avait sa raison.

Et c'est tout !

Franchement, il nous est impossible de trouver dans ces visions d'une vieille alcoolisée, dans ces commérages de portière et de cuisinière, un témoignage sérieux en faveur de l'évasion [2].

Qu'elle y ait cru, soit.

Mais elle reconnaît elle-même qu'elle n'y aurait pris aucune part.

Et les trois raisons qui déterminent sa conviction, la rencontre

---

[1] Située alors rue de l'École de Médecine, n° 14, à une grande distance de la Tour du Temple.

[2] C'est ce qu'a établi avant nous M. Chantelauze, le savant historien de Marie Stuart et du Cardinal de Retz, dans un très bon article (*Figaro*, 19 février 1882).

d'une voiture de linge dans les rues de Paris [1], le prétendu propos prété à Desault qui, nous l'avons vu, avait tenu un langage tout à fait contraire et ne put faire l'autopsie puisqu'il était mort ; la visite aux Incurables de cet inconnu qui n'a rien dit et n'est pas revenu, sont tout à fait dérisoires [2].

Le procès-verbal d'autopsie a été critiqué avec amertume en la forme et au fond.

« Au fond, a-t-on dit, le vice scrofuleux dont était atteint depuis longtemps le corps soumis à l'autopsie des médecins, ne s'expliquerait pas par la constitution physique de Louis XVI et de Marie-Antoinette. »

Est-ce bien sérieux ? Les scrofules ne procèdent-ils donc que de l'hérédité ? N'y a-t-il pas une large part à faire à l'imprévu

---

[1] La date qu'elle assigne à cette rencontre, 8 juin 1795, doit être retenue, car elle exclut non seulement tout concours de sa part, mais elle est en contradiction avec le système qui place l'enlèvement au 19 janvier 1794 ou au mois de juin suivant.

[2] Pour en finir avec la Simon, voici quelque chose d'assez curieux.

Il n'est pas d'étrangeté à laquelle l'amour du paradoxe et de la contradiction ne puisse conduire certains esprits.

Simon a trouvé, lui aussi, des avocats pour le réhabiliter. Sérieys (*Le Règne de Louis XVII*, p. 173) reproduit les confidences que Simon lui aurait faites, *les larmes aux yeux*, et ses protestations d'affection pour le jeune prisonnier : « Je donnerais un bras pour que cet enfant m'appartînt, tant il est aimable et tant je lui suis attaché ! » M. Dubruel, ancien député, aurait été disposé à croire que Simon était un brave homme et que « s'il maltraitait le Dauphin, ce n'était que pour tromper les surveillants, » — par pure affection (*Second plaidoyer* de M. Jules Favre).

Quant à la femme Simon, voici l'explication délirante que donnaient de sa conduite au Temple, certaines personnes :

« On prétend que la femme du savetier Simon avait été maîtresse de feu le comte d'Artois et que de cette liaison naquit un fils, vers l'époque de la naissance du Dauphin *. On ajoute que cette femme, abandonnée plus tard par son royal amant, voua une haine implacable à la famille royale, et qu'ayant appris, en 1793, que le fils de Louis XVI était confié à Simon, elle se fit épouser par cet homme ** pour être à même d'exercer sa vengeance sur le jeune prince qui mourut, dit-on, par suite des mauvais traitements de cette mégère ; mais ayant appris qu'un parti s'était organisé pour enlever le Dauphin de sa prison, elle substitua à la place du prince mort, son fils, fils de son intrigue avec le comte d'Artois ; et c'est cet enfant, assure-t-on, qui fut sauvé du Temple comme le véritable héritier de la monarchie française. Voilà comme on voudrait rendre compte de la frappante ressemblance de notre bon

* Elle avait alors 40 ans.
** Ils s'étaient mariés le 15 mai 1788.

dans les causes qui les déterminent ou les développent, comme
pour toutes les maladies? Enfin le genre affreux de vie auquel
était condamné le jeune prisonnier, la mauvaise nourriture, la
séquestration, l'absence de mouvement, de grand air et de liberté
ne sont-ils pas précisément une des causes qui expliqueraient
le mieux une maladie de cette nature? Son frère, le véritable
duc de Normandie, était bien mort rachitique, dans des conditions bien moins délétères.

Au point de vue de la forme, on a trouvé que ces énonciations
du procès-verbal d'autopsie : « Le corps que les Commissaires
nous ont dit être celui du fils de défunt Louis Capet, et que deux
d'entre nous ont reconnu pour être l'enfant auquel ils donnaient
des soins depuis plusieurs jours, » étaient étranges et implique-
raient même de la part des rédacteurs la conviction que le corps
n'était pas celui du Dauphin. La vérité est qu'elles n'avaient rien
que de naturel sous leur plume. Ils n'avaient point à affirmer
l'identité, à la rechercher. Ils étaient appelés pour faire l'autopsie
du corps qui était là, et non pour autre chose. La formule qu'ils
ont employée pour le désigner, est une formule banale et dont
on retrouverait les analogues dans les procès-verbaux de con-
stat ou d'expertise qui se dressent encore chaque jour.

« Mais, a-t-on ajouté, des quatre médecins qui firent l'autopsie, aucun ne connaissait le Dauphin [1]. »

La figure du Dauphin était connue par ses portraits peints ou
gravés, par ses bustes ou ses médailles, plus que celle d'aucun
autre enfant, surtout des Parisiens. Tout Paris l'avait vu jouer
aux Tuileries et même pendant un temps, bien court, il est vrai,
dans la cour du Temple.

Lassus avait été attaché à la maison de Mesdames ; Jeanroy à
celle de Lorraine.

Jeanroy, Dumangin et Pelletan, qui survécurent jusqu'à la Res-

prince et de sa famille aux Bourbons. » — *Lettre de M. de Cosson à Gruau*,
Londres, 12 novembre 1859, citée dans les *Intrigues dévoilées*, t. III, p. 880,
(Cosson met ces bruits sur le compte du baron Capelle).

Ainsi Naündorff aurait été le fils du comte d'Artois et de... la Simon ; touchante alliance de la royauté et du peuple !

[1] M. Louis Blanc, p. 361 ; — *Figaro*, 7 mars 1882. Claravali, *Vie de
Mgr le Duc de Normandie* (p. 137), va plus loin, et prend sur lui d'affirmer
qu'ils surent positivement que l'enfant qu'on leur présentait n'était pas le
Dauphin.

tauration, n'ont jamais exprimé le moindre doute sur l'identité
de l'enfant. Jeanroy l'a affirmée avec attendrissement, à Mme de
Tourzel, gouvernante des Enfants de France[1]. Pelletan y croyait
si bien qu'il avait retiré et caché le cœur comme une relique.
Dumangin, en querelle avec son confrère sur ce dernier point,
était d'accord avec lui sur l'identité.

Le Comité de Sûreté générale n'était pas tenu de faire faire
l'autopsie par *quatre* médecins, dont le moindre incident, le
moindre scrupule d'honnêteté pouvaient faire les révélateurs de
la fraude dont il aurait essayé de les rendre complices !

Les actes de déclaration et de décès dont nous avons donné le
texte, et les autres documents relatifs à la constatation de ce
décès, n'ont pas été moins critiqués que le procès-verbal d'autopsie.

« 1° L'acte de décès n'aurait été rédigé que quatre jours après
le décès lui-même. »

Le décret du 19-24 décembre 1792 concernant l'état civil des
citoyens n'impartit point de délai pour la rédaction des actes de
décès, mais il exige que la déclaration soit faite dans les trois
jours, non compris celui du décès, devant le commissaire de
police de la section ou du quartier[2]. Or, cette déclaration fut faite
régulièrement, le surlendemain du décès de l'enfant, dans les
délais réglementaires, et l'acte de décès ne fit qu'en reproduire
les énonciations , après vérification. C'est ce que Gruau et
M. Louis Blanc se sont bien gardés de dire[3].

2° Il n'est pas davantage irrégulier, « pour n'avoir pas été dressé
en présence du commissaire de section préposé par la loi spéciale
du temps à la garde du prince[4]. » Cette présence n'était im-

_____

[1] Beauchesne, p. 314.

[2] « Les personnes désignées... pour faire les déclarations de naissance et
de décès, seront tenues de faire ces déclarations dans les trois jours de la
naissance et du décès... » (Décret des 19-24 décembre 1792, art. 1er.)

[3] M. Louis Blanc, p. 361 ; — etc., etc.
La Cour de Paris (Arrêt de 1874), a décidé formellement et définitivement
que l'acte de décès était régulier. Cela n'empêche pas un des deux curés que
nous avons cités plus haut, de nous écrire : « L'acte de décès original n'a
jamais existé : La copie qu'en donne M. de Beauchesne est postérieure de
quatre jours à la mort et par conséquent entachée d'illégalité et nulle de
soi. » Pourquoi vouloir trancher sur ce qu'on ignore si complètement !

[4] Louis Blanc, p. 362.

3

posée par aucun texte, et le commissaire de section, Dussert,
averti par Lasne et Gomin, ainsi que nous l'avons vu, avait fait,
d'ailleurs, les constatations légales.

3° « Cet acte est signé par deux témoins obscurs [1], » — comme
tous les autres actes de ce genre. La signature de Gomin et de
Lasne sur l'acte de déclaration suffisait. Lasne a, d'ailleurs,
signé aussi l'acte de décès.

4° « La sœur du Dauphin était un témoin légal indispensable, à
qui l'on a oublié de faire signer le procès-verbal. C'était la marche rationnellement indispensable et légalement obligatoire [2]. »

Erreur grossière ou mensonge impudent. Les lois du temps,
pas plus que les lois actuelles, n'exigeaient nullement le concours
d'un tiers, d'une mineure surtout, à la constatation légale d'un
décès. On croit rêver en lisant de pareilles assertions sous la
plume d'un ancien magistrat.

5° « Il existerait des variantes sur le jour et sur l'heure du
décès. »

C'est bien le 8 juin (20 prairial) que mourut le jeune prisonnier.
La déclaration du décès faite le 10, l'acte de décès dressé le 12,
le constatent de la manière la plus formelle et la plus régulière.

Quant à l'heure, il y a quelques légères différences. Eckard dit
deux heures (p. 286) ; Beauchesne (t. II, p. 307) dit, d'accord
avec le député Sevestre dans son Rapport à la Convention, *deux
heures un quart ;* l'acte de déclaration et celui de constatation du
décès, *trois heures ;* le procès-verbal d'autopsie, *vers trois heures.*
Ergoter sur de pareilles différences est misérable, surtout quand
la fixation de la minute précise importait aussi peu.

« Mais, disent triomphalement les partisans de Naündorff et de
Richemont, d'accord sur ce point, Lasne a déposé en justice, en
1840, que l'enfant avait rendu son dernier soupir, *un matin* [3] ! »

Lasne serait-il donc un faux témoin, parce qu'après plus de
quarante ans, sa mémoire l'aurait trahi sur un point de cette nature et qu'il se serait trompé de quelques heures, ou bien encore
parce qu'en divisant, comme on le fait dans le peuple, le jour en
deux moitiés, il aurait appelé *matin* la partie qui n'était pas le
soir ou la partie antérieure à l'heure de son dîner ?

[1] M. Louis Blanc, p. 362 ; — *Figaro,* 7 mars 1882.
[2] Gruau, *Non ! Louis XVII n'est pas mort au Temple,* p. 264, 267
[3] *Non ! Louis XVII n'est pas mort au Temple,* p. 272.

« Le *Rapport de Sevestre à la Convention*, 15 juin 1795, serait suspect.. »

On se rappelle que, dans ce Rapport, la mort de Desault a été indiquée au 5 juin au lieu du 1er.

« Il est difficile de comprendre, dit à ce sujet M. Louis Blanc (p. 354), que le Comité de Sûreté générale, qui avait à sa disposition l'acte de décès de Desault, ait pu se tromper à ce point sur une date qu'il avait à préciser officiellement ; et si l'on suppose que l'erreur aitété volontaire, quelle autre cause lui assigner que le désir de détourner l'opinion publique de certains rapprochements estimés dangereux. »

Des erreurs bien autrement graves se glissent tous les jours dans les Rapports et les discours parlementaires ou dans la transcription qu'en font les secrétaires ou les imprimeurs [1]. L'objet du Rapport n'était point, comme le prétend M. Louis Blanc, de « préciser la date officielle » de la mort du médecin, mais de celle du malade. Qui ne voit aussi que l'erreur ici consiste à avoir rapproché les deux morts, et que le calcul des *arrangeurs* aurait dû être de les *distancer* le plus possible l'une de l'autre ?

Le certificat signé le 10 juin par les officiers et sous-officiers,

---

[1] En veut-on la preuve ? Dans le n° du 10 juin (22 prairial) des *Annales patriotiques et littéraires*, M. Louis Blanc aurait lu que c'était Pierret et non Sevéstre qui avait fait le Rapport au nom du Comité de Sûreté générale ; il aurait trouvé aussi un texte assez différent, énonçant notamment que « dans la nuit du 20 au 21 de ce mois, le petit fils de Capet est mort à deux heures du matin. » A la suite de ce Rapport, ajoute le journaliste, Pierret a remis sur le bureau deux procès-verbaux des gens de l'art, qui constatent le genre de maladie dont le petit Capet était attaqué. Devenu imbécile depuis quelques mois, il a été attaqué d'un maladie de langueur. Ces pièces seront imprimées au Bulletin et déposées aux Archives » Quelles conclusions tirerait-il de ces erreurs multipliées ?

Il s'étonne de l'absence au *Moniteur* du Rapport fait par Desault, quoique la Table indique que ce Rapport se trouve au n° 263 (p. 354).

Chicane véritablement puérile : On sait que la *Table* du Moniteur pour les premières années est collective, qu'elle ne fut publiée qu'en 1802 et qu'elle est assez fautive. L'indication d'un Rapport qui ne se trouve pas dans ce journal, est un *lapsus* qui ne pouvait avoir de conséquence, puisqu'en recourant au n° indiqué, on n'y trouvait pas ce Rapport, et qui, à l'époque où cette *Table* parut, n'offrait pas le moindre intérêt.

Autres exemples sans sortir de notre sujet : Le 2 mai 1851 (*Gazette des Tribunaux* du 9), M. Jules Favre donne, ou est censé donner à l'acte de décès du 20 prairial an III, dont il attaquait la validité, la date du « 24 prairial an VIII (10 juin 1800 ?).

serait un certificat de complaisance. « Les commissionnaïres et
les marchands de vin du coin, pour quarante sous, auront bien
déclaré tout ce qu'on aura voulu [1]. »

Il y avait là, non pas des « commissionnaires, » ni des « marchands de vin du coin,» ni des « farceurs ramassés dans la rue, »
mais des officiers et des sous-officiers de la garde nationale,
appelés en vertu de leurs grades, réunis par le seul hasard de
leur inscription sur les contrôles de service. Il suffisait que l'un
d'eux eût connu le Dauphin et qu'il exprimât un soupçon, pour
provoquer un scandale et amener la découverte de l'imposture.
Comment s'exposer à de pareils dangers, quand aucun texte,
aucun précédent ne forçait le Comité de les appeler à reconnaître
le cadavre ?

M. Louis Blanc n'a pas manqué d'incidenter sur l'obscurité de
la pièce où le corps était déposé et la précaution qu'avaient dû
prendre les médecins chargés de l'autopsie de le faire transporter dans une autre ; — il fallait plus de clarté, ce semble, pour
faire une autopsie minutieuse, que pour examiner et reconnaître
le visage d'un mort [2].

« Il est étrange que le gouvernement n'ait pas pris des précautions plus minutieuses pour constater d'une manière irréfragable le décès et l'identité de son prisonnier [3]. »

On oublie en parlant ainsi que les Comités et la Convention
avaient le parti bien arrêté d'affecter pour les prisonniers du
Temple un suprême dédain et de les traiter à peine comme les
derniers des citoyens. Il était donc tout naturel de s'abstenir

[1] *Figaro*, 7 mars 1882.
[2] « Pouvait-on dans ce mort étique reconnaître l'enfant joufflu qu'on avait
vu jouer aux Tuileries trois ans avant ? »
C'était plus facile assurément que de reconnaître ce même enfant
dans Naündorff, Richemont et *tutti quanti*, comme l'ont fait leurs croyants,
après quarante ans entiers !
[3] M. Louis Blanc, p. 360;— *Figaro*, 7 mars 1882.— « Quoi ! disait M. Jules
Favre, dans un mouvement d'éloquence un peu forcé, c'est l'acte de décès de
celui qui représentait un principe qui alors était loin de se croire vaincu, et
l'on ne prend pas plus de précautions pour constater l'identité ! L'on appelle deux bourgeois inconnus, et sans s'inquiéter des royalistes qui peuvent
abuser de l'obscurité de cette constatation, le Comité de Sûreté générale ne
prendra pas d'autres précautions ! » Il y en eut d'autres de prises, nous
l'avons vu.

de mesures qui auraient ranimé le préjugé monarchique et
froissé ceux de la démocratie, et cependant les constatations
relatives au décès furent complètes, plus complètes même qu'il
n'était d'usage de les faire.

S'il y eut dans la rédaction de certains documents quelques
lacunes ou quelques erreurs, elles prouveraient tout au plus
qu'on n'attachait pas à la rédaction de ces actes une importance
particulière. Les Comités ayant empoisonné le Dauphin, ou Desault, ou même voulant tout simplement cacher la substitution
qui aurait eu lieu au Temple, auraient pris leurs mesures. Tous
les actes rédigés sous leur influence et pour ainsi dire sous leur
dictée, auraient été d'une correction irréprochable [1].

« La date de l'enterrement serait restée incertaine [2]. »

Il eut lieu le 10 juin [3]. Cela est certain. Il est bien vrai que le
ministre de la police, dans une lettre au préfet de police du
1er mars 1816, indique la date du 8 (la confondant ainsi avec
celle du décès) et que le préfet de police, dans sa réponse du
1er juin 1816, énonce le 12 juin (qui est celle de la rédaction de
l'acte de décès [4]), uniquement sur la foi de quelques-unes des
dépositions recueillies dans l'enquête à laquelle il a fait procéder [5].

Qu'importe d'ailleurs? L'incertitude sur cette date aurait tout
au plus rendu plus difficile la vérification et la reconnaissance
des restes du Dauphin, mais elle ne touche en rien à la date,
à la réalité, à la constatation du décès lui-même.

« Les restes de Louis XVII n'auraient pas été exhumés [6]. »

L'endroit où ces restes pouvaient se retrouver était trop incer-

---

[1] Voici toutefois une singulière explication donnée par les partisans de
Naündorff : « Ne semblerait-il pas que les autorités de l'époque multi-
pliaient à dessein les anomalies, par une politique tortueuse et d'avenir,
dont les meneurs possédaient seuls le secret, pour que, suivant qu'il convien-
drait plus tard à leur intérêt, on invoquât l'acte mortuaire, on crût ou ne
crût pas à la mort du fils de Louis XVI? » (*Non Louis XVII n'est pas mort
au Temple*, p. 275.) Comprenne qui pourra!

[2] *Non! Louis XVII n'est pas mort au Temple*, p. 295.

[3] Beauchesne, t. II, p. 319 ; — Eckard, p. 290, 486 ; — etc.

[4] Beauchesne, t. II, p. 326.

[5] Il ne *l'affirme* pas, comme le prétend Gruau, p. 295.

[6] M. Louis Blanc, p. 367 ; M. Nauroy, p. 98 ; — etc.

tain pour que la recherche pût en être faite avec quelques
chances de succès. Trois versions se trouvaient en présence.
Suivant un premier récit, le corps aurait été déposé dans la
fosse commune du cimetière de la paroisse Sainte-Marguerite.
Pendant plusieurs nuits, des factionnaires auraient été mis à la
porte et autour de ce cimetière, afin d'empêcher qu'on ne l'enle-
vât. Les fossoyeurs avaient marqué le cercueil d'une croix faite
avec de la craie blanche. Ils avaient eu soin, de plus, de l'isoler
des cercueils qui arrivèrent les jours suivants. Au bout de quelques jours — les héritiers de l'un d'eux, nommé Valentin, disaient
la nuit suivante — ils le transportèrent dans une fosse particulière, creusée près du seuil de la porte d'entrée du cimetière
dans l'église, en le marquant de nouveau d'une croix blanche et
d'une seconde croix dessinée avec de petits cailloux. Tout cela
paraissait assez vraisemblable; mais un ancien jardinier du
Luxembourg, nommé Charpentier, vint affirmer, de son côté, que
dans la nuit du 13 au 14 juin, il avait été lui-même, avec deux
de ses ouvriers, sur l'ordre du Comité révolutionnaire de sa section, creuser une fosse dans le cimetière de Clamart, qu'un cercueil de quatre pieds et demi de long, sur douze à quinze pouces
de large, y avait été déposé, que les membres du Comité, présents
à l'inhumation, lui avaient enjoint de garder le silence le plus
absolu, sous la menace de peines sévères. Il avait même entendu
l'un d'eux s'écrier au moment du départ : « Le petit Capet aura
bien du chemin à faire pour rejoindre ses parents. » Enfin, le
bruit se répandit, d'une troisième part, que le cercueil avait été
enterré au pied de la tour du Temple. De ces rapports contradictoires, une seule présomption se dégageait, c'est que le corps
avait été inhumé dans la fosse commune, conformément aux lois
du temps [1].

N'a-t-on pas aussi voulu argumenter, en faveur des faux Dauphins, de la découverte d'un squelette d'enfant au pied de la Tour
du Temple?

Singulier raisonnement! ou ce squelette n'était pas celui du
Dauphin, et on ne pourrait rien conclure de sa présence en ce

---

[1] Eckard, p. 306 ; — Peuchet, *Recherches sur l'exhumation du corps de
Louis XVII*, dans les *Mémoires de Tous*, t. II, p. 319 et suiv.; — Beauchesne, t. II, liv. xviii.

lieu ; ou c'était celui du Dauphin, et ce squelette ne serait-il pas alors la démonstration la plus complète de sa mort et la plus éloquente protestation contre les prétentions de tous les faussaires qui ont usurpé son nom [1] ?

« Louis XVIII et les chefs royalistes auraient eux-mêmes reconnu, postérieurement à la date supposée de sa mort, que le Dauphin existait encore. »

Si audacieuse, si insensée même que soit une pareille allégation, ayons le courage de la discuter.

« Louis XVIII, dans une proclamation datée de Vérone le 14 octobre 1796, aurait pris le simple titre de Régent, semblant ainsi reconnaître qu'il n'était pas le véritable roi [2]. »

Monsonge éhonté! Louis XVIII avait pris le titre de Roi aussitôt après la nouvelle de la mort du Dauphin ; il l'avait gardé dans tous ses Manifestes et ses Proclamations. Le Régent, en 1797, était le comte d'Artois, à qui son frère avait conféré ce titre. Louis XVIII n'était même plus à Vérone depuis le mois d'avril 1796.

---

[1] « Le général d'Andigné, enfermé au Temple en 1800, avait obtenu du directeur, M. Fauconnier, la permission de faire du jardinage dans une cour. Un soir, la bêche met à nu un squelette dépouillé de ses chairs et enterré dans de la chaux vive. Ce squelette mince et allongé paraissait celui d'un grand enfant. D'Andigné pensa à Louis XVII enterré ou plutôt caché là, à quelques pas de son cachot. Un petit os fut recueilli comme une relique par un des témoins. Le Directeur étant survenu, d'Andigné le tira à part et lui dit : « C'est là probablement le corps du Dauphin. » A quoi l'autre, fort embarrassé, répondit en balbutiant : « Oui, c'est bien là son corps. » D'Andigné aurait eu la pensée, sous la Restauration, de faire constater par une enquête ce fait intéressant dont les témoins vivaient encore. Mais il recula devant la douleur de la duchesse d'Angoulême, que cette enquête aurait contristée sans la convaincre.» (*Musée des Familles; Les Prisons du général d'Andigné*, par Pitre Chevalier; janvier 1858 ; — Beauchesne, t. II, p. 333.) Nous sommes loin d'accepter comme sérieuse la réponse qu'aurait reçue le Général.

Suivant Claravali (ou Richemont) toujours fertile en inventions, on aurait trouvé, en 1816 (il ne dit pas dans quel endroit, mais évidemment dans les environs du Temple), le squelette de l'enfant mort le 8 juin 1795. C'était celui d'un enfant de 15 ans (p. 138). Il y aurait donc eu un cimetière d'enfants en ce lieu ! L'âge de celui-ci exclurait d'ailleurs la possibilité qu'on eût pu, vivant, le confondre avec le Dauphin, plus jeune de cinq ans, et cela pendant des mois, des années ! Il faudrait des volumes pour réfuter tant de contradictions et d'insanités.

[2] *Court Journal*, 24 mars 1832, n° 152 ; — Claravali, *Vie de Mgr le Duc de Normandie*, p. 242 ; — Labreli de Fontaine ; — *Assignation* de Naündorff aux Bourbons ; — etc.

« Des proclamations de Charette attesteraient l'existence de Louis XVII à une époque postérieure au 8 juin. »

Ceci est un autre comble d'ignorance ou de mauvaise foi.

Précisons les assertions pour n'en laisser aucune sans réponse.

1" « Sous les murs des Sables d'Olonne, » Charette aurait dit à ses soldats : « Voulez-vous laisser périr l'enfant miraculeusement sauvé du Temple, comme ses augustes parents[1] ? »

On suppose ici que le Dauphin aurait encore été en Vendée en juin ou juillet 1795, ce qui implique absolument contradiction avec les récits qui l'en font sortir avant la pacification de la Jaunaye (févr. 1795). Charette, dans sa seconde campagne (juin 1795-février 1796), n'approcha point des Sables. Aucun historien, aucun document sérieux ne rapporte ces paroles.

2º Proclamation de Charette, sans date, donnée par Labreli de Fontaine.

Nous avons vu qu'elle n'est que la copie textuelle d'un discours que, dans son roman, le *Cimetière de la Madeleine*, Regnault-Warin met dans la bouche de Charette, cherchant à dissuader ses officiers de faire la paix (laquelle fut conclue à la Jaunaye le 17 février 1795); Labreli ne s'était même pas aperçu, en transcrivant ce discours, qu'il était coupé par une sorte de dialogue avec les officiers, et il a confondu l'interruption avec le discours lui-même. C'est d'un ridicule achevé. Ce discours, enfin, serait nécessairement antérieur, et de beaucoup, au 8 juin 1795.

3º *Réponse des Armées catholiques et royales de la Vendée... au Rapport fait à la soi-disant Convention nationale, dans la séance du 16 juin*. Pièce imprimée, datée du 22 juin 1795 et signée Charette, Stofflet, Scépeaux, Sapinaud, etc [2].

Loin que cette pièce suppose Louis XVII sorti du Temple et vivant encore au 22 juin, elle énonce formellement le contraire: « Le 4 juin, il fut convenu que Louis XVII et sa sœur seraient conduits le lendemain à Saint-Cloud... Nous nous disposâmes aussitôt à concerter, avec les Représentants du peuple, les moyens d'envoyer des personnes d'une fidélité et d'une bravoure

---

[1] *Illustration*, 30 août 1845.
[2] *Assignation* de Naündorff, etc.

éprouvée, dans les environs de Saint-Cloud. *Dans ce même moment, Louis XVII expirait dans la prison du Temple…* »

Mais nous reconnaissons volontiers qu'il n'y a pas grand argument à tirer de cette pièce. Nous avons établi dans notre étude sur les *Articles secrets* qu'elle est nécessairement apocryphe. 1º Elle rapproche la signature d'hommes alors profondément divisés ; Stofflet la désavoua et ne reprit les armes qu'au mois d'août suivant ; « 2º Il est matériellement impossible, comme nous le disions, qu'une longue réponse à un Discours prononcé à la Convention le 16 juin, et qui, avec les lenteurs et les difficultés de circulation d'alors, ne put être connu dans le pays insurgé que quelques jours après, ait été débattue, concertée entre les chefs royalistes dispersés de tous cotés, et rédigée à la date du 22 juin ; » 3º Elle est incompatible avec le Manifeste du 26 juin 1795, dont il nous reste à parler.

4º *Manifeste du général Charette* daté de Belleville, 26 juin 1795.

On lit dans ce Manifeste, dont la sincérité n'a jamais été méconnue par personne : « *Nous avons appris que le fils infortuné de notre malheureux monarque, notre Roi, avait été lâchement empoisonné* par cette secte impie et barbare, qui, loin d'être anéantie, désole encore ce malheureux royaume. »

Est-il clair jusqu'à l'évidence que l'autorité de Charette ne peut être invoquée en faveur de l'évasion prétendue? Il croyait que Louis XVII était mort au Temple ; et il le proclamait devant son armée, quand il aurait eu tant d'intérêt à dire à ses soldats : « Il est vivant et le voilà! »

Il n'y a pas plus d'importance à attacher à la prétendue lettre de Charette après Quiberon, pour détourner le comte d'Artois de venir en Vendée : « La perte de M. de Sérent dégoûtera Monsieur de venir parmi nous, et cependant il doit craindre que nous ne soyons pas assez forts pour soutenir les droits de son frère *contre tant de gens qui préféreront un autre monarque*. Tout annonce le vœu général pour le retour d'une monarchie; mais rien n'indique que Louis XVIII soit le roi désiré. » Il est trop certain que Charette n'eut point à s'opposer à la descente du comte d'Artois en Vendée. A-t-il écrit en réalité la lettre ci-dessus? Nous en doutons fort. Dans tous les cas, ce n'est pas de cette façon entortillée qu'il eût réservé les droits de Louis XVII, s'il eût cru à son existence. Il n'y aurait là tout au plus qu'une allusion aux intrigues déjà nouées autour du duc d'Orléans [1].

Puisaye aurait-il, de son côté, postérieurement au 8 juin 1795, proclamé l'existence du Dauphin [2]?

Le Manifeste, qu'il apporta sur la flotte anglaise [3], est antérieur à son débarquement à Quiberon (27 juin). Il l'est même, selon toute apparence, à son départ d'Angleterre qui avait eu lieu le 10 précédent [4]. On y lit : » Pourquoi l'intéressant et auguste héritier de tant de rois... n'est-il pas proclamé et replacé sur le trône de ses pères? » Puisaye, en l'écrivant, croyait que le Dauphin existait encore, c'est très évident ; il est tout naturel qu'à la date du 10 juin, et même quelques jours plus tard, il ignorât sa mort. Mais il est évident aussi qu'il le croyait encore captif. Cette proclamation prouve donc, elle aussi, que les chefs des insurgés n'ont jamais cru à l'évasion prétendue.

Ils reconnurent tous et proclamèrent Louis XVIII. C'est pour lui, Roi, qu'ils combattirent et moururent, et non pour un usurpateur contre lequel ils n'auraient eu assez de haine et de mépris. Ainsi firent les Condé ; ainsi l'Émigration tout entière.

Faut-il s'arrêter à l'étrange argument tiré des légendes de deux médailles trouvées aux Tuileries après le départ de Louis XVIII, au retour de l'Empereur [5]?

Sur une de ces médailles on voit, d'un côté, l'effigie de LOUIS SECOND FILS DE LOUIS SEIZE NÉ LE 29 MARS 1785, et au revers, l'Ange de la mort gravant avec un stylet ces mots sur un tombeau : REDEVENU LIBRE LE 8 JUIN 1795 [6]. C'est une allusion à la

[1] V. Les *Mémoires* de Puisaye et ceux de Dumouriez.
[2] *Assignation* de Naündorff ; — Plaidoyer de M. Jules Favre, etc.
[3] Comme on le trouve annexé à des documents républicains du 16 juillet qui en constatent la saisie, on a cru, fort légèrement, qu'il avait cette date. *Guerres des Vendéens et des Chouans*, t.V, p. 271.
[4] Le comte de Vauban, *Mémoires pour servir à l'histoire de la guerre de la Vendée*, 1806, p. 69, le déclare formellement.
[5] *Non Louis XVII n'est pas mort au Temple*, p. 95 ; — *Assignation* de Naündorff ; — Plaidoyer de M. Jules Favre, etc. Le pamphlétaire Sauquoire-Souligné va plus loin. Il affirme que Louis XVIII portait cette médaille à son cou : à la bonne heure ! (*Voix d'un Proscrit*, p. 297. 389).
[6] Décrite et gravée dans le *Trésor de Numismatique et de Glyptique, Médailles de la Révolution française*, pl. LV, n° 5. Cette pièce fait partie de la série dite *des six victimes* publiée à Berlin par le graveur Looz, 1794 et 1795.

mort qui put seule briser les fers du jeune captif. Il est absurde
d'y chercher, comme l'insinue Gruau, une allusion à l'évasion du
Dauphin. 1° Ce n'est pas le 8 juin 1795 qu'il se serait évadé,
mais c'est ce jour-là qu'il mourut; 2° on n'aurait pas fait frapper
des médailles pour rappeler l'attention sur un événement que
l'on aurait voulu, dans le système de Gruau, tenir caché, ou plutôt pour consacrer sa propre usurpation.

Sur l'autre médaille, on voit LOUIS CHARLES ET MARIE THÉRÈSE
CHARLOTTE ENFANS DE LOUIS SEIZE, et au revers, une draperie
suspendue à une tringle avec ces mots : QUAND SERA-T-IL LEVÉ ?
Quand disparaitra l'obscurité qui enveloppe leur destinée ? Cette
médaille faisait partie de la même série, dite *des six victimes,* que
la précédente. Elle est de février 1794 [1] et frappée à Berlin.

Il y a bien encore l'arrestation à Thiers, en juillet 1795, d'un
enfant de dix ans nommé Morin de la Guérivière, sous la conduite d'un certain Ojardias : on aurait cru que cet enfant n'était
autre que le Dauphin, évadé de sa prison, et on ne l'aurait
relâché, sur l'ordre du Conventionnel Chazal, qu'après une enquête.

Nous reviendrons sur cet incident dont on a beaucoup exa-
géré l'importance.

Comme l'a fait très justement observer M. Louis Blanc (p.
364) jamais l'arrêté du Comité de Sûreté générale prescrivant la
recherche du Dauphin n'a été produit, et cet arrêté serait en
contradiction avec tout ce qu'on a dit d'une substitution d'enfant
opérée de connivence avec quelques-uns des membres du
Comité. Ils auraient eu tout intérêt à étouffer les recherches, au
lieu de les multiplier et de leur donner une grande publicité. Les
Comités et les Conventionnels en mission se sont occupés d'une
foule de questions de police, d'intérêt criminel ou même civil, qui
ne touchaient en rien à la politique.

Enfin, on a voulu à toute force chercher dans la conduite des
Bourbons, depuis la Restauration, certains indices des scrupu-
les, bien tardifs, qu'ils auraient éprouvés au sujet de l'existence
possible de ce parent qui eût été aussi leur souverain.

---

[1] *Trésor de Numismatique,* pl. LIV, n° 1.

Dans cet ordre d'idées, on a invoqué tour à tour :

« Le refus persistant par la duchesse d'Angoulême de recevoir le cœur de son frère que le docteur Pelletan avait dérobé au moment de l'autopsie et qu'il lui offrait [1]. »

La soustraction du cœur de l'enfant aurait eu lieu dans des circonstances fort singulières. Lasne disait qu'elle n'avait pu s'effectuer ; le Dr Dumangin la contestait également et soutenait à ce sujet, contre son confrère, une polémique passablement scandaleuse. Enfin Pelletan, qui prétendait avoir dérobé le cœur au moment de l'autopsie, pendant que ses confrères avaient le dos tourné, était forcé de reconnaître que ce même cœur, placé dans un tiroir de son secrétaire, avec d'autres pièces anatomiques, avait été volé par un de ses élèves auquel il avait eu l'imprudence de confier son secret. Il n'avait pas osé le réclamer dans la crainte qu'il ne le fît disparaître, et ce n'était qu'à sa mort qu'il avait pu en obtenir la restitution par la famille. Tout cela était bien étrange.

La duchesse d'Angoulême devait s'abstenir dans le doute ; elle s'abstint [2].

« La répugnance des successeurs de Louis XVII à attester, par un acte public, que, dans leur conviction, l'enfant mort au Temple était bien le fils de Louis XVI [3]. »

Une pareille attestation, il faut bien le dire, n'aurait rien ajouté au fait ni au droit de leur possession ; elle en aurait plutôt amoindri l'autorité. Cette possession suffisait aux yeux de tous ceux qui croyaient à leur loyauté ; toutes les déclarations du monde n'auraient pas suffi à ceux qui voulaient en douter.

« Louis XVIII n'osant pas se faire sacrer, ou le clergé refusant de procéder à cette cérémonie [4]. »

---

[1] M. Louis Blanc, pag. 366 ; — *Non ! Louis XVII n'est pas mort*, p. 291 ; — *Assignation* de Naündorff ; — M. Nauroy, p. 97 ; — etc.

[2] Sérieys, *Le Règne de Louis XVII ;* — Eckard, p. 309 ; — Beauchesne, t. II, p. 496.

[3] M. Louis Blanc, p. 366.

[4] Lafont d'Aussone, *Lettres anecdotiques et politiques sur les deux départs de la famille royale en* 1815 *et* 1830. Paris, 1832, in-8° ; — *Assignation* de Naündorff, etc.

Ce Lafont, prêtre apostat, pamphlétaire impudent, agent de police et dont le nom a été mêlé à de très fâcheuses affaires, est invoqué comme une

Supposition absurde. Les sentiments peu religieux de Louis XVIII et ses infirmités physiques expliquent suffisamment qu'il se soit affranchi de cette cérémonie. Coupable de l'indigne usurpation qu'on lui prête et de tous les crimes qui l'auraient scellée, comprendrait-on qu'il eût reculé devant la jonglerie d'un sacre ? Charles X fut sacré, et Charles X aurait été usurpateur au même titre et aussi odieusement que Louis XVIII lui-même.

« Le Clergé refusant également de célébrer un service mortuaire à la mémoire de Louis XVII [1]. »

Faux. Le Dauphin était commémoré dans les services célébrés le 21 janvier, une ordonnance royale ayant réuni les divers anniversaires [2].

« Le monument que les chambres avaient, le 19 janvier 1816, voté à la mémoire de Louis XVII, n'aurait pas été exécuté. »

Ce monument devait être exécuté en même temps que ceux élevés à la reine Marie-Antoinette et à Madame Élisabeth. Des ordonnances rendues les 19 janvier et 14 février 1814 avaient prescrit l'achèvement de l'église de la Madeleine, pour les y placer tous les trois [3]. Lemot était chargé de le sculpter. La Madeleine ne fut pas achevée ; les monuments ne furent pas exécutés; celui de Louis XVII subit le sort commun. Peut-on voir dans cette négligence une preuve que la Restauration ne croyait pas à la réalité du supplice des victimes dont on voulait consacrer la mémoire, de celui de la Reine et de Madame Élisabeth par exemple ?

Constatons, d'ailleurs, que le buste de Louis XVII par Desenne fut placé, la même année, dans la salle des séances de la Chambre des Députés, en même temps que ceux de Louis XVI et de Louis XVIII, dans l'hémicycle qui entourait le bureau.

Il y a avait enfin, pour ne rien omettre, même de ce qui n'est qu'une insinuation gratuite autant que perfide, la disparition d'un nommé Caron, ancien employé au service de bouche de

autorité par tous les sectateurs des faux Dauphins. Il prétend tout à la fois et sans l'ombre de preuves, que le Dauphin aurait été empoisonné au Temple et que les papes Pie VI et Pie VII auraient cru à son évasion, ce qui aurait amené le refus de sacrer Louis XVIII.

[1] Labreli de Fontaine ; — M. Nauroy, p. 97 ; — etc.

[2] Eckard, *L'Enlèvement et l'existence de Louis XVII, démontrés chimériques*, 1831.

[3] *Moniteur officiel*, 17 février 1816.

Louis XVI, qui prétendait s'être introduit au Temple après le transfert de la famille royale dans cette prison, et qui aurait possédé ou prétendu posséder sur l'enlèvement du Dauphin des détails secrets et importants. Cet homme n'aurait pas été revu depuis le 4 mars 1820.

Un homme disparaît, victime d'un crime ou d'un accident, ou bien encore par des raisons particulières qui l'éloignent de sa famille et lui font cacher son départ et le lieu de sa retraite ; — C'est chose assez commune. Mais cet homme s'était vanté d'avoir des renseignements sur l'évasion du Temple. — Il a donc été assassiné par l'ordre de Louis XVIII ! C'est odieux et stupide. M. Louis Blanc aurait dû laisser à Claravali tout seul la responsabilité de pareilles insinuations.

Voilà donc à quoi se réduisent ces attaques contre des actes authentiques, confirmés par tant d'autres preuves, ces indices dont on a fait si grand bruit, de l'évasion prétendue du Dauphin.

L'histoire a dit son dernier mot ; la parole va être au roman.

Mais avant d'aborder le roman particulier de chacun des faux-Dauphins, étudions avec quelque détail celui dont ils procèdent tous et qui avait, du moins, le mérite de ne pas être une réclame au service de détestables et folles intrigues.

III

LE CIMETIERE DE LA MADELEINE.

Nous avons dit qu'après la Terreur, il y eut dans les esprits comme un retour d'attendrissement et de pitié en faveur des victimes, et plus particulièrement des prisonniers du Temple, doublement consacrés par la grandeur de leur rang et par celle de leurs infortunes. Le mauvais goût du temps aidant, cela tourna vite à la sentimentalité dans la littérature et dans les arts. Un écrivain fort inconnu aujourd'hui, Regnault Warin, saisit l'occasion et lança un roman tout mouillé de larmes, tout gonflé de métaphores et d'absurdes imaginations, où il exploitait et flattait, en l'exagérant, la manie du moment. « Toutes les grandes ombres monarchiques s'y dressaient dans des phrases démesurées, leur tête à la main. C'était le pinceau de Ducray-Duminil sur la palette de l'anglais Young. » Le succès fut assez grand pour que la police s'émût et que les difficultés qu'elle essaya d'apporter à la publication du livre y ajoutassent encore [1]. L'évocation des souvenirs monarchiques et les doutes jetés sur la réalité de la mort du Dauphin [2] étaient bien de nature, malgré la pauvreté de l'exécution, à éveiller les susceptibilités du pouvoir consulaire.

Le Cimetière de la Madeleine [3] se compose d'une série d'entretiens nocturnes, dans l'enceinte du cimetière de ce nom, entre l'auteur et l'abbé Edgeworth de Firmont, le saint et courageux prêtre qui avait assisté Louis XVI sur l'échafaud et lui avait ouvert les portes du ciel. C'est une romance sur *la Rose et le Lys*, imprudemment chantée par l'abbé, qui a fait découvrir à son interlocuteur, qu'il prend d'abord pour un ennemi, l'asile de ses méditations solitaires, et qui devient l'occasion de leur liaison. Edgeworth raconte d'abord les premiers événements de la Révolution et le séjour de la famille royale au Temple, dans lequel il aurait eu libre accès auprès d'elle [4]. Le tout est entremêlé de l'amour du jeune Fitz Asland, son élève, pour Marie-Thérèse (depuis duchesse d'Angoulême), de Toulan pour la Reine, de déguisements et d'intrigues où Dumouriez, Manuel, le duc d'Orléans, Mme de Genlis, Florian, jouent des rôles. Mais bientôt Edgeworth se lasse de raconter, et ce sont des pièces soi-disant authentiques qu'il communique à son interlocuteur : *Rapport de Manuel sur une prétendue Négociation avec le roi de Prusse ; Mémorial*

---

[1] Peuchet ou plutôt La Mothe-Langon, *Mémoires tirés des Archives de la Police*, t. IV, p. 245. Les documents qu'il publie sur cet incident paraissent authentiques ; — M. Welschinger, *La Censure sous le premier Empire*, 1882, p. 195.

[2] Il est à noter que, dans un autre roman historique contemporain du *Cimetière de la Madeleine*, *Irma ou les malheurs d'une jeune orpheline*, par Mme Guénard (1801), cette mort, au Temple, est au contraire présentée comme certaine, et la duchesse d'Angoulême comme ayant reçu les derniers soupirs de son frère.

[3] Paris, Lepetit, 1800, 4 v. in-12; — 1801, 4 v.; — traduit en espagnol par Salva. Paris, 1833, 4 v. in-18.

[4] On sait qu'il ne fut admis auprès du Roi, qu'il ne connaissait pas auparavant, qu'après la condamnation.

des derniers jours de Louis XVI, extrait des *Tablettes* de Malesherbes ; *Manuscrit* de Marie Antoinette, où elle retrace notamment la cérémonie mystérieuse du sacre du jeune dauphin
dans la Tour du Temple ; *Testament*, absolument apocryphe, de
Marie Antoinette — on voit que le romancier n'a reculé devant , u-
cune témérité ;—*Journal de Desault, chirurgien en chef du Grand
Hospice d'Humanité*. Ce prétendu Journal n'est qu'une peinture
très boursoufflée des soins et des agréments dont le jeune
Prince aurait été entouré dans les derniers temps de sa captivité.
Il aurait conçu une très vive affection pour un élève du nom
de *Cyprien* qui accompagnait Desault dans ses visites. Ce
Cyprien était lui-même fort lié avec un nommé *Felzac*, « jeune
homme d'environ vingt-cinq ans, d'une physionomie remarquable
par son originalité, » se disant aussi étudiant en médecine. Seize
jours après son entrée au Temple, Desault aurait reçu une lettre
anonyme accompagnant un envoi de 500 louis, dans laquelle
on l'assurait que sa fortune était faite « s'il voulait, on ne dit
pas prêter des facilités, mais ne pas opposer d'obstacles et seulement fermer les yeux à l'entreprise qu'on va tenter, » et dont
l'objet était l'enlèvement du jeune Prince. Desault aurait communiqué cette lettre aux Comités... Mais sa mort, arrivée sur ces
entrefaites, aurait interrompu son *Journal*.

Celui de *Felzac* le continue, et comme c'est dans cette rapsodie
mensongère et absurde de tout point, que la plupart des prétendus Louis XVII ont puisé les principaux traits de leurs récits, il
importe de l'analyser avec soin.

Felzac n'est point un étudiant en médecine, mais un envoyé de
Charette, arrivé à Paris avec un second agent pour enlever le
jeune Dauphin. C'est lui qui a écrit à Desault ; mais averti par
des membres des « Comités» que le rendez-vous que celui-ci lui a
donné n'est qu'un piège, il ne s'y présente pas. Il revoit cependant Desault et le presse de laisser substituer — car tel est le plan
— au Dauphin « un autre enfant de la même grandeur, à peu
près de la même figure et mortellement malade, s'il était possible. » Tout ce qu'il peut obtenir du médecin patriote et indigné,
c'est qu'il gardera le silence pendant deux jours sur les propositions qui lui ont été adressées.

Que fait alors *Felzac?* Il dérobe à *Cyprien* sa carte de passe,
signée de deux Représentants, inspecteurs de la Convention, et

s'introduit au Temple comme chargé de le remplacer momentanément dans son service. Il y est très bien accueilli par le jeune Prince *et par sa sœur*. Il revient le lendemain. Le second émissaire de Charette (qui n'est pas nommé), « s'est procuré, en semant beaucoup d'argent, un jeune orphelin, de l'âge, à peu près de la taille et de la couleur du Dauphin ; ils ont versé dans sa boisson une dose d'opium telle qu'il ne se réveillât de vingt-quatre heures, » l'ont dépouillé de ses vêtements et « inséré dans le corps creux d'un cheval de bois, destiné aux délassements de Charles[1]. Divers autres jouets accompagnaient celui-ci, et furent tous renfermés dans une manne d'osier à double fond que *Felzac* place dans sa voiture. De son coté, son compagnon en prépare une seconde, remplie d'armes et de provisions, laquelle devait les attendre sur le boulevard, pendant que des courriers, dépêchés depuis une heure, leur tiendraient prêts des relais sur toute la route. »

L'enlèvement a lieu. La garde, —(depuis le départ de la Simon, il n'y eut point de femme garde ou gardiennne au Temple),—terrifiée par la vue d'un pistolet, séduite par l'appât d'une bourse de cent louis, laisse faire. L'enfant endormi est tiré du ventre du cheval et placé dans le lit du Dauphin ; le Dauphin est caché dans le double fond de la manne, transporté sur le boulevard, jeté dans la seconde voiture, déguisé en fille et immédiatement dirigé *sur la Bretagne*[2].

A soixante lieues de Paris et « en approchant du terme de leur voyage, c'est-à-dire du quartier général de Charette, » les voyageurs sont arrêtés par des gendarmes qui s'avisent de trouver quelque ressemblance entre la jeune fille et un signalement dont ils sont porteurs, et veulent s'assurer que ses habits ne sont pas un déguisement. « Sous un gouvernement juste et bien policé, répondent les fuyards, il ne peut exister de loi qui commande la vérification des sexes. Si un abus, qui est aussi atroce que ridicule, qui révolte également le bon sens et l'honnêteté pouvait jamais avoir lieu, le premier devoir des Français

---

[1] Le Dauphin ne se nommait pas *Charles Louis*, mais *Louis Charles;* cette bévue de Regnault-Warin a été reproduite sérieusement par Bruneau et par Naündorff.

[2] Fontenai en Bretagne ! et à 60 lieues de Paris, au lieu de 112! Géographie et chronologie vont de pair.

serait de se soustraire à sa tyrannie, n'importe par quelle
voie. » Les gendarmes ne sont pas de cet avis. Combat ; gendarmes vainqueurs. Mais ô bonheur ! rencontre d'un parti de
Chouans. Nouveau combat ; gendarmes vaincus !

« En peu d'heures, on arrive à Fontenai, occupé par le quartier
général de l'armée catholique et royale... la garnison était sous les
armes ; de toute part retentissait le bruit d'une canonnade d'allégresse.
Charette, accompagné de ses généraux, vient recevoir le jeune roi et
déposer aux pieds de Sa Majesté le glaive tiré pour sa querelle. Charles, prenant ce fer, s'empresse de le remettre dans le fourreau, et
dit avec autant de grâce que de sensibilité : « Je l'aime mieux là. »
« Le lendemain, cérémonie de l'inauguration du nouveau monarque
célébrée dans l'église paroissiale de Fontenai. Le procès-verbal du
sacre administré au fils de Louis par l'Évêque de Saint *** [1] dans
la Tour du Temple, avait été envoyé à Charette, et est lu par ce chef
des insurgés. Le nouveau potentat prête serment aux constitutions de
l'État, et reçoit celui des personnages désignés pour en représenter
les ordres. D'abondantes distributions en argent et en comestibles,
une nouvelle illumination, des danses prolongées fort avant dans la
nuit, terminent cette solennité [2].

Arrivée d'un émissaire de la Convention pour traiter avec
Charette de la pacification, dont la réintégration du jeune Dauphin au Temple sera une des conditions préliminaires. Discours
de Charette à ses officiers pour les retenir dans le devoir [3].

« Quoi ! vous parlez d'intérêts et de profits ! Qu'entendez-vous
par des conditions ?

« Ils rebâtiront vos maisons, mais ce sera des ossements de vos

[1] Saint Papoul, traduisent les sectateurs de Naündorff.
[2] Tout cela est absolument faux et ridicule. Jamais Charette n'eut son
quartier général à Fontenai. Les Vendéens n'occupèrent cette ville que
pendant quelques jours après la victoire qui les en avait rendus maîtres,
et à laquelle Charette n'assistait pas (24 mai 1793). En 1794, 95 et 96, il se
cantonna constamment dans le Marais, à plus de 20 lieues de Fontenai.
[3] C'est ce prétendu discours, dont la teinte amphigourique et romanesque
saute aux yeux, que nous verrons Labreli de Fontaine copier textuellement
sous le titre de : *Proclamation du général Charette à son armée, lorsque
travaillée, à la fin de 1795, par les agents corrupteurs du Directoire, elle
se disposait à mettre bas les armes et à accepter les indemnités qu'on lui
offrait.* La provenance de ce document suffirait pour prouver que Labreli
n'est qu'un mystificateur.

frères massacrés ; c'est avec votre sang qu'ils en cimenteront les matériaux...

« Je ne serais point étonné que sous peu de jours le fils de l'infortuné Louis XVI fut arraché malgré moi de son asile et livré à ses persécuteurs...

« Quoi ! Tu serais replongé dans cette Fosse aux Lions où la vengeance te laisserait jusqu'à ce qu'elle osât se nourrir de ton sang ! Non, mon enfant, tant qu'un souffle de vie animera mon existence, la tienne est assurée. Tant que je jouirai de ma liberté, tu garderas la tienne. Ma vie est à toi comme elle fut à ton père. Mon sang a coulé et coulera encore pour te défendre. Mon bras, enfin, s'usera pour te sauver.

« Souffrir pour son Dieu et mourir pour son roi, c'est la devise d'un bon Français. »

Mais Charette sent que ses efforts seront inutiles [1], et il se décide à cacher le Dauphin dans une îlot ou plutôt une grande île (car elle renferme des prairies, des bosquets, des collines et des ruisseaux), située « à quelques lieues de l'embouchure de la Loire, » et qui se trouve, heureux hasard ! jouir d'une paix profonde. Elle est habitée par une seule famille, le duc et la duchesse de V******, qui y ont même — pour les cœurs sensibles, il n'est point d'obstacles ! — élevé un monument à la mémoire de Louis XVI et de Marie-Antoinette.

Cependant les négociations de Charette avec les envoyés républicains se poursuivent. Ceux-ci insistent pour la remise en leurs mains, comme condition préliminaire, du jeune Dauphin. Charette répond que « depuis sept jours, il n'est plus à sa disposition. »

Il croit alors prudent de le transporter en Amérique. Une corvette est frétée à cette intention, sous pavillon danois. Le Dauphin y est embarqué. Mais elle est bientôt attaquée et prise par une frégate républicaine. Le Dauphin est reconnu, emprisonné de nouveau et la douleur qu'il en ressent lui donne une fièvre

[1] Noter encore que la pacification entre Charette et les Républicains est de février 1795, bien antérieure par conséquent à toute cette fantasmagorie d'événements qui n'auraient pu se passer qu'à la fin de cette même année; c'est ce que n'ont ni vu ni voulu voir les partisans, les panégyristes et les avocats de Naündorf et de Richemont.

ardente. « Le malheureux, au bout de trente-six heures d'un délire effrayant, expire au milieu de ses transports. »

Tel est, en résumé, le fond de la version délayée par Regnault
Warin dans ses pages prolixes et sentimentales, et qui servira
de type à toutes les autres, sauf, bien entendu, qu'on en retran-
chera le triste dénouement.

Ce n'est pas tout : c'est dans ce pauvre roman, qui n'eut jamais,
il faut le noter en passant, la prétention d'être autre chose qu'un
roman, que les faux Dauphins copieront textuellement quelques-
uns des documents destinés à servir de base à leur système,
et ces documents, gauchement apocryphes, des historiens comme
M. Louis Blanc, des avocats comme M. Jules Favre, en invoque-
ront plus tard et en défendront l'authenticité et l'autorité irréfragables..., n'en soupçonnant pas l'origine !

Comment personne ne l'avait-il encore signalée ?

IV.

LE DÉFILÉ.

AVANT RICHEMONT ET NAUNDORFF (1796-1830).

Voici, maintenant, la longue liste des personnages qui ont
revendiqué le titre de Louis XVII, ou que la crédulité publique a
affublés de ce titre [1] : cohue étrange de figures cyniques ou gro-
tesques, dignes du crayon qui dessina le *Panthéon Chariva-
rique*.

Nous suivons autant que possible l'ordre chronologique.

Sous le nom de chaque prétendant, nous indiquerons les traits
principaux du système qu'il invoquait. On pourra suivre ainsi
ce qu'il y avait de commun entre ces systèmes dont l'un cependant était nécessairement la négation de tous les autres, puisqu'il ne pouvait y avoir qu'un véritable Louis XVII et que tous

[1] Cette liste, malgré tous nos efforts pour la rendre aussi complète que
possible, ne peut l'être absolument. Quelques noms auront certainement
échappé à nos recherches.

ses rivaux étaient forcément des imposteurs, et constater avec nous que, tout en se traitant mutuellement de menteurs et de faussaires, ces messieurs ne se gênaient pas pour copier les récits ou emprunter les pièces de leurs compétiteurs.

Nous indiquerons aussi les publications, fort nombreuses, dont chacun des faux Louis XVII a été l'objet. Elles formeraient à elles seules toute une bibliothèque.

QUATRE PRÉTENDANTS POUR UN (1796).

« Dès 1796, « si l'on en croit les *Mémoires* (un peu suspects, il est vrai), publiés sous le nom *de la Marquise de Créquy,* » il y aurait eu quatre Louis XVII, en compétition l'un de l'autre, aussi bien qu'en instance de contribution de la part des Royalistes [1]. »

HERVAGAULT (1798).

Hervagault (Jean-Marie) est le premier des faux Louis XVII dont les impostures aient fait fortune pendant quelque temps, qui ait trouvé des partisans nombreux et fanatiques et qui soit arrivé à une notoriété historique.

Il était modestement le fils d'un petit tailleur de Saint-Lô.

A l'âge de 14 ans, il avait déserté la boutique de son père pour courir le monde, tantôt sous un nom, tantôt sous un autre, tour à tour Montmorency [2], Monaco, Ursel, Longueville. Les malheurs du temps, la proscription et la dispersion des anciennes familles, une réaction générale d'intérêt et de pitié en faveur de leurs débris, facilitaient ces sortes d'emprunts. Sa jeunesse, sa grâce, la naïveté apparente de ses récits, un certain mélange de douceur et de fierté lui ouvraient les portes et les cœurs. Il eut bien quelques mésaventures : réprimandes paternelles, arrestations, détentions sous le soupçon d'être un émigré rentré ou un agent des Chouans. Elles ne le corrigèrent pas. Dans la prison

---

[1] Édition Delloye, t. VII, p. 31.
[2] La petite commune de Valframbert (Beauchamp imprime à tort *Valbrefond,*) ma commune natale, aux portes d'Alençon, avait été une de ses premières étapes. Il y avait trouvé refuge au hameau de Joncherets, chez Mlle Talon-Lacombe, qui l'avait habillé, nourri, et avait garni sa bourse, en l'entendant dire qu'il était un de ces Montmorency dont l'ancien château, Lonrai, s'élevait à une petite distance, et dont le nom était encore populaire dans le pays.

de Vire, on lui communiqua le *Cimetière de la Madeleine*, de Regnault-Warin, qui venait de paraître ; l'étude attentive de ce roman lui donna l'idée de s'en approprier les principaux détails et de se faire passer définitivement pour le Dauphin.

C'est en Champagne, où, pendant un premier séjour dans la prison de Châlons, en 1798, il avait déjà émis, avec un succès encourageant, certaines confidences à cet égard, qu'il revint chercher des dupes. Elles s'offrirent d'elles-mêmes. A Châlons, à Vitry, où il séjourna ensuite, le prétendu Dauphin trouva moyen de se former une petite cour de serviteurs, dont la plupart, même ceux qu'il avait dépouillés, lui restèrent fidèles jusqu'à sa comparution devant la police correctionnelle...., et même au delà. Dans le nombre brillaient : un M. de Bournonville, ancien garde du corps, une dame Saignes, marchande, dont le dévouement excessif fut taxé de complicité et lui valut une condamnation à six mois de prison, un notaire de Vitry du nom d'Adnet, plusieurs ecclésiastiques, et surtout Lafont de Savines, ancien évêque de Viviers, ancien Constituant, qui s'était fait le Mentor de ce nouveau Télémaque. On ne l'appelait que le *Petit Messie*.

Voici, réduit à sa plus simple expression, le récit dont il amusait ses fidèles :

« Il avait été enlevé du Temple, le 7 juin 1795, grâce à la complicité d'une de ses gardes qui lui paraissait depuis longtemps affectionnée, caché dans un paquet de linge sale ; un enfant endormi avec de l'opium et apporté dans un paquet de linge blanc, avait pris sa place dans son lit[1]. Une charrette qui stationnait dans la cour l'avait emmené rapidement à Passy, ou plusieurs personnes l'attendaient et lui avaient rendu leurs hommages. Ses libérateurs étaient le comte Louis de Frotté, un M. de Guerville, un abbé Laurent, aumônier du prince de Talmont, un M. du Châtellier, émissaire des chefs Vendéens, personnages tous morts ou même imaginaires, et par lesquels on ne courait pas de risque d'être démenti[2]. On l'avait déguisé en fille, on l'avait conduit

---

[1] Cet enfant aurait été le fils du tailleur Hervagault, que son père aurait vendu moyennant 200,000 livres, à l'abbé Laurent.

[2] Ce Châtelier et ce Guerville ne sont connus que par la mention faite de leur nom dans la prétendue *Réponse des armées catholiques et royales de la Vendée et des Chouans* au Rapport de Doulcet de Pontécoulant, datée du 22 juin 1795, signée de Charette et Stoflet, mais qui est certainement apocryphe et fausse de tout point.

par des routes de traverse au quartier général de Charette, dans la Vendée, où il avait été reçu avec des acclamations de joie et tous les honneurs qui lui étaient dûs. »

Tout cela, comme on le voit, était calqué presque littéralement sur le roman de Regnault Warin, sauf qu'Hervagault, plus hardi, nommait ses libérateurs.

Il va sans dire qu'il n'avait pas été repris par les Républicains, et qu'il n'était pas mort en prison ; mais ici commençait pour lui une série de nouvelles aventures.

« Du quartier général de Charette, il avait été envoyé en Angleterre avec plusieurs officiers supérieurs de l'armée royale. Il s'était arrêté à Jersey, où il avait été reçu par le prince de Bouillon et reconnu comme fils de Louis XVI par les officiers vendéens. A Londres, il n'avait trouvé qu'un accueil très froid auprès du duc d'Harcourt, ambassadeur des Princes ; le comte d'Artois avait refusé de le secourir, mais le roi d'Angleterre lui avait offert un appartement dans son palais et lui avait donné beaucoup de marques d'amitié. Forcé par ses ministres de le renvoyer, effrayé par les tentatives d'empoisonnement commises sur le Dauphin, Georges lui avait donné un vaisseau tout équipé pour le conduire à Rome, et même une lettre autographe de recommandation pour le Pape. Le Pape l'avait en effet très bien reçu, mais, ne pouvant le garder à cause des dangers qu'il courait lui-même, « il avait du moins voulu constater son identité, en lui appliquant, avec un fer rouge, à la jambe droite et au bras gauche, deux stigmates ou signes, l'un représentant les armes de France, avec les initiales de son nom, l'autre composé de lettres qui formaient les mots : *Vive le Roi !* ; l'acte de cette consécration avait été signé par vingt cardinaux qui en avaient été les témoins et déposé aux Archives du Pape. » De Rome, le Dauphin était allé en Espagne, où la duchesse d'Orléans l'avait accueilli favorablement[1] ; puis en Portugal, où la Reine l'avait comblé de marques d'amitié et voulait même lui faire épouser sa sœur, veuve du prince du Brésil ; puis sur les côtes de France, appelé par Pichegru et les chefs de l'armée royale ; puis en

---

[1] Ce mensonge effronté, et avoué par Hervagault lui-même, n'en a pas moins été le point de départ du rôle que Labreli de Fontaine a voulu prêter plus tard à cette princesse.

Russie, puis en Suisse, puis à Paris, où il se trouvait au moment du 18 fructidor. »

Cette seconde partie de son *Odyssée*, dont il reconnut lui même la fausseté, devait être copiée par les autres prétendants, ses successeurs, comme il en avait copié lui-même la première. Tout ce monde là ne se mettait pas en frais d'imagination ; ils calquaient un mensonge aussi naïvement que les honnêtes gens répètent une vérité.

Hervagault, d'ailleurs, ne dissimulait à ses adeptes, ni son nom patronymique, ni son passeport ; mais, dans leur aveuglement, ils prenaient son nom véritable pour un faux nom, et le faux nom pour le vrai.

Son astre ne brilla pas longtemps sur l'horizon. Il fut arrêté et traduit devant le tribunal correctionnel de Vitry, sous la prévention d'escroquerie, d'usurpation de nom et de vagabondage (27 février 1802).

Des femmes élégantes, des gens du meilleur monde lui firent cortège à l'audience. Des fournisseurs, des prêteurs qu'il avait dépouillés, pas un ne témoigna de ressentiment. Le public lui était favorable, et sa défense fut couverte d'applaudissements.

L'accusation se trouvait vis à vis d'Hervagault dans une situation assez fausse, car il est bien certain qu'il n'avait pas eu besoin de demander des secours qu'on s'empressait de lui offrir. Aucune de ses prétendues victimes ne se plaignait.

Hervagault n'en fut pas moins condamné à quatre ans de prison, et le jugement fut confirmé, le 3 avril 1802, par le tribunal de Reims.

Il joua le désespoir et fit semblant de vouloir se laisser mourir de faim, mais cette résolution ne dura guère.

A l'expiration de sa peine, il aurait, paraît-il, recommencé ses courses vagabondes, repris la qualité de Dauphin et fait quelques nouvelles dupes. La police impériale le fit transférer à Paris, à Bicêtre.

Il y mourut le 8 mai 1812, en affirmant encore à ses derniers moments sa royale origine [1].

---

[1] On peut consulter sur Hervagault : *Le Faux Dauphin actuellement en France, ou Histoire d'un imposteur, se disant le dernier fils de Louis XVI*, par Alphonse R. (Beauchamp). Paris, Lerouge, an XI, 2 v. in-12 ou 2 parties

LE FILS DE L'HORLOGER (1800).

Sous le Directoire, à Turin, un jeune tambour du régiment autrichien de Belgiojoso parvenait à conjurer la bastonnade dont il était menacé pour insubordination, et à intéresser en sa faveur une partie de ses chefs et de l'aristocratie féminine de Turin, en se faisant passer pour Louis XVII. Son sang royal, disait-il, s'était révolté contre l'infamie d'un pareil châtiment, et son secret lui avait échappé. Il prétendait avoir été sauvé par son gardien Simon et transporté à Bordeaux, puis dans une île, Corse ou Amérique, il ne savait trop laquelle. Il avait l'air hébété et ne se souvenait de presque rien, ce qu'on ne manqua pas d'attribuer aux effets de l'opium qu'on lui avait fait prendre lors de son enlèvement. On lui trouvait de la ressemblance avec les Bourbons, dans les traits, le maintien, le rire et la voix. Il dut finir par avouer qu'il était le fils d'un horloger de Paris ou de Versailles. On lui avait promis sa grâce s'il disait la vérité ; mais il recommença ses histoires et se fit condamner [1].

PERSONNAGE TATOUÉ (1800).

Vers la même époque, on arrêta un individu qui montrait sur sa cuisse droite un tatouage représentant des fleurs de lis surmontées d'une couronne et des initiales de la famille de Bourbon. Le

in 8°, portr. ; — *Histoire des deux Faux Dauphins*, par le même. Paris, Mathiot, 1818, 2 vol. in-12 ou 1 vol. in 8° de XII et 456 p. : Il y a des exemplaires en gr. pap.; — *Les Imposteurs fameux*. Paris, Eymery, 1818, in 12, 134 et s.; — *Grand Dictionnaire Universel du XIXᵉ siècle*, par Larousse; — A. de Pistoye, *Gazette des Tribunaux*, février 1874; — *Supercheries littéraires*, vᵒ *Louis Charles ;* — *Notices sur Hervagault, sous le Consulat, et sur Mathurin Bruneau, sous la Restauration*, par A. F. V. Thomas, dans son ouvrage intitulé : *Naündorff, ou Mémoire à consulter sur l'origine du dernier faux Louis XVII*, Paris, 1837, in-8° ; — *Louis XVII en Champagne, d'après les documents originaux*, par M. Hérelle. Paris, Hurtau, 1878, broch. in-8°, tirée à 225 ex.: piquante et humoristique ; — Compte-rendu de cet ouvrage par M. Sarcey, dans le *Bien Public;—Légendes Populaires. Louis XVII et les Faux Dauphins*. Paris, Martinou, s. d. gr.in-8° de 32 p. illustré ; — *Mémoires historiques sur Louis XVII*, par Eckard; 3ᵉ édition; — Vicomte de la Rochefoucauld, *Mémoires*, 1837, t. V, p. 48 ; — *Souvenirs de Paris en* 1804, par Aug. Kortzbue. Paris, 1805, 2 vol. in-18 ; — *Les Secrets des Bourbons ;* — etc.

[1] *Journal des Hommes libres*, 12 pluviôse an VIII ; — *Mémoires historiques et secrets sur l'Impératrice Joséphine*, par Mˡˡᵉ Le Normand, 2ᵉ édit.,

pauvre diable portait ainsi, écrit sur sa personne, le seul titre qu'il pût invoquer [1].

UNE FAUSSE DUCHESSE D'ANGOULÊME (1807).

Le croirait-on ? il y eut des fausses Dauphines comme il y avait des faux Dauphins. Une certaine Marie Groult de la Cauvillière intrigua, en 1807, la ville de Lisieux et le département du Calvados, en voulant se faire passer pour la fille de Louise XVI et de Marie Antoinette, et en affirmant qu'elle avait été changée en nourrice, prétention qu'elle renouvela sous la Restauration et dont la justice eut à s'occuper à diverses reprises. C'est une page à ajouter à l'histoire des impostures et des insanités dont les jeunes prisonniers du Temple ont été le thème [2].

FRUCHARD (1815).

Cet individu, qui paraît avoir été attaché à la police royaliste pendant les Cent jours, et chargé, en cette qualité, de certaines missions, ne nous est connu que par la lettre suivante. En lui donnant le surnom de Louis XVII, elle prouve que, dans son entourage, ce nom n'était pas oublié, soit qu'on le rattachât à une ressemblance physique entre lui et le Dauphin, soit qu'il eût été mêlé à l'arrestation de quelques-uns de ceux qui en avaient usurpé le nom.

« La connaissance que j'ai, Monsieur, du zèle et de l'intelligence que vous apportez à l'exécution des ordres qui vous sont donnés pour le service du Roi, m'a déterminé à vous choisir pour accompagner le nommé Fruchard dit Louis XVII. Vous seconderez ses efforts pour la délivrance de notre patrie et me rendrez compte le plus fréquemment possible du résultat de ses opérations ainsi que de toutes les nouvelles qui parviendront à votre connaissance et que vous jugerez pouvoir m'intéresser *pour le service du Roi.*

Le Ministre secrétaire d'Etat de la Guerre,

DUC DE FELTRE [3].

Gand, ce 4 avril 1815.

1867, t. II, p. 65 et 401 ;—*Mémorial ou Journal historique, impartial et anecdotique de la Révolution de France*, t. II, p. 339 ;—*Histoire-Musée de la Révolution française*, t. II, p. 170 ; — etc.

[1] Le procédé, si grossier qu'il soit, fut employé plus d'une fois.
[2] L. Du Bois, *Histoire de Lisieux*. Lisieux, 1845, 2 vol. in-8°, t. l, p. 316.
[3] Ce qui est imprimé en italiques est seul autographe, avec la signature.

MARASSIN (1816).

Voilà un faux dauphin de la fabrique de Naündorff, et que nous ne connaissons que par son récit; mais, si ce récit est vrai, il prouve, contre Naündorff lui-même et contre tous ses compétiteurs, combien il était facile de jouer le rôle qu'ils prirent et d'abuser la crédulité publique.

Marassin, si l'on en croit Naündorff, aurait été un ancien officier de l'armée française qu'au retour de l'expédition de Russie, il aurait accueilli fort misérable [1], et généreusement secouru. Marassin en avait conçu une si vive reconnaissance, et s'était tellement dévoué à la fortune de son bienfaiteur, que celui-ci n'avait pas hésité à l'envoyer à Paris, en 1816, pour porter une lettre à la duchesse d'Angoulême et sonder l'opinion publique. « Pour mieux le faire, il devait se revêtir du nom et du caractère qui m'appartiennent (c'est Naündorfd qui parle). Je lui fis faire une étude approfondie des principaux événements de ma vie et l'informai avec détail des preuves qui établissaient l'identité de ma personne d'une manière irrécusable. » Marassin vint en effet en France. Il joua si habilement son rôle de Dauphin qu' « il ébranla la conviction de plusieurs personnes (notamment d'une marquise), à tel point que j'en ai vu une à Paris en 1836 qui persistait à vouloir qu'il fût lui-même le fils de Louis XVI [2]. »

Marassin aurait été arrêté et transféré à Rouen ; là, il aurait été enlevé de sa prison... et on lui aurait substituée comme prévenu... Mathurin Bruneau ! Nous ne suivrons par Naündorff sur ce terrain.

BRUNEAU (1816).

Mathurin Bruneau n'est qu'un second Hervagault, et, plus ignorant encore, plus effronté et plus grossier que le premier.

Il était né à Vézins, canton de Cholet, le 10 mai 1784. Son père était sabotier [3]. Il avait commencé, fort jeune encore, son

---

[1] « Quelques restes de vieux haillons couvraient à demi son corps rongé par la vermine et dégoûtant des plaies qu'engendre la malpropreté. » (*Intrigues dévoilées*, t. II, p. 167).

[2] *Ib.*, p. 168, 260-267.

[3] C'est à cette circonstance que faisait allusion la fameuse chanson de Béranger :

rôle d'imposteur au château d'Angrie, chez Mme Turpin de Crissé, en se donnant pour le jeune baron de Vézins. Tout d'abord sa fable avait réussi, et il avait été traité comme tel ; mais, démasqué au bout d'un certain temps, on l'avait relégué aux soins de la cuisine et du chenil. Il était ensuite rentré dans sa famille, pour la quitter de nouveau. On le retrouve, en 1803, écroué comme vagabond et fou au dépôt de mendicité de Saint-Denis, d'où il sort pour s'embarquer dans le quatrième régiment d'artillerie de marine. Il déserte à Norfolk et vit dix ans aux États-Unis, tour à tour boulanger, tailleur de pierres et domestique.

En 1816, il débarque à Saint-Malo, muni d'un prétendu passeport américain, délivré au nom de Charles de Navarre, et cherche déjà à se faire passer pour le Dauphin, fils de Louis XVI ; mais on se moque de lui, et il se rabat alors au rôle de fils d'une veuve Phelipeaux dont le fils avait disparu depuis longtemps et à laquelle il parvient à soutirer une somme de six cents francs [1].

A quelque temps de là, il est arrêté de nouveau et conduit à la maison de Bicêtre, à Rouen. Il possédait alors pour toute fortune une pièce de cinq francs.

C'est dans cette prison qu'il connut, dit-on, pour la première fois le roman du *Cimetière de la Madeleine*. Son thème, à partir de ce moment, fut irrévocablement fixé. Il adopta littéralement le récit de Regnault-Warin, y compris le cheval de bois et la fuite en Vendée. Il prétendait même avoir assisté au combat des Aubiers,

---

LE PRINCE DE NAVARRE OU MATHURIN BRUNEAU.
  Quoi ! Tu veux régner sur la France !
  Es-tu fou, pauvre Mathurin ?
  N'échange point ton indigence
  Contre tout l'or d'un souverain.
  Sur un trône l'ennui se carre,
  Fier d'être encensé par des sots.
  Croyez-moi, prince de Navarre,
  Prince, faites-nous des sabots !
  . . . .
Dans une complainte assez drôle sur le même personnage, on lit :
  ... Le fabricant de *sabots*
  Raisonne comme une *savette*.
[1] Cette malheureuse femme crut le reconnaître pour son fils : double preuve du peu de sérieux des reconnaissances fondées sur certaines ressemblances physiques, et de l'extrême crédulité avec laquelle peuvent être accueillis les mensonges les plus effrontés.

lequel avait eu lieu en avril 1793, c'est-à-dire plus de deux ans avant son évasion prétendue, et où Charette n'était pas, mais dont, habitant du pays, il avait pu entendre parler dans son enfance. A Hervagault, il emprunta le nom et le rôle direct, personnel, de M. de Frotté dans cette évasion. Chose étrange ! Du fond de sa prison, secondé par les nommés Tourly, ancien huissier, condamné pour faux à dix ans de réclusion, Branzon, ex-directeur de l'octroi de Rouen, condamné à cinq ans de la même peine pour détournement de deniers publics, Larcher, détenu pour usurpation de fonctions sacerdotales et qui devait périr misérablement à peu de temps de là, ayant mis, par imprudence ou pour tâcher de profiter du tumulte afin de s'évader, le feu à la paille de son cachot, tous les trois complices volontaires ou inconscients de son imposture, Bruneau trouva moyen de nouer au dehors des relations importantes. Il fit afficher des proclamations séditieuses [1]. Il recruta une petite légion de partisans fanatiques et généreux [2].

Son attitude à la fois insolente et basse devant le tribunal correctionel de Rouen, sa condamnation à cinq ans de prison pour vagabondage, usurpation de titres royaux et escroquerie, et à deux autres années pour outrages envers les magistrats,

---

[1] Voici le texte d'une de ces proclamations :

DIEU, LA FRANCE ET LE ROI.

« Peuple Français,

« Votre roi légitime, Louis XVII, Charles de Bourbon, gémit dans la prison de Bicêtre, à Rouen. C'est le fils du vertueux Louis XVI. Délivrez-le de sa captivité. Il vous donnera le grain à trois sols ; il diminuera les impôts ; vous trouverez en lui un père du peuple tel que le grand Henri IV, et vous, braves militaires, un chef qui saura apprécier et reconnaître vos longs services.

« Vive Louis XVII ! »

(Archives Nationales.)

[2] Dans le nombre figurent un abbé Matouillet, de Lisieux, qui fut bien près d'être poursuivi comme complice ; un de Foulques, ancien lieutenant colonel d'infanterie, d'une vieille et honorable famille de Basse-Normandie, qui fut l'ambassadeur de Bruneau auprès de la duchesse d'Angoulême, pour lui demander une entrevue avec son prétendu frère, procédé toujours renouvelé depuis ; la dame Dumont, marchande de toiles à Rouen ; la dame Morin, femme d'un employé à la mairie de cette ville ; Montier, banquier à Fécamp. Le Chandelier de Pierreville, ancien chef de la division du Perche, dans la chouannerie, alors retiré à Mortagne, se laisse lui même gagner à cette intrigue. (Mémoires de Billard de Veaux, t. II, p. 265, prem. édit.)

(19 février 1818) ne suffirent pas pour les détromper tous. On fit
de grands efforts pour le tirer de la prison du Mont Saint-Michel
où il avait été transféré. Il était plus d'à moitié fou. Aux questions des visiteurs, il ne répondait que par des mots incohérents,
parmi les quels on distinguait ceux de *Rois de Prusse et d'Angleterre*, de *Louis XVII*, *d'incendie de Philadelphie*. La privation de
tabac à mâcher avait pu seule avoir raison de sa paresse ou du
mauvais vouloir qui lui fesait gâter tout le bois à sabots qu'on
lui donnait à travailler [1]. Il mourut au Mont vers 1825 [2].
Quelques personnes, cependant, ont cru qu'il vivait encore en
1844, à Cayenne, où il aurait exercé le cabotage et peut-être la
traite des nègres [3]. Mais n'était-ce point là un faux Mathurin
Bruneau, le pastiche d'un pastiche [4] ?

[1] Barbé-Marbois, *Visite des prisons du Département de Calvados et de la
Manche*, 1821, in-4, p. 26-27.

[2] Son crâne, conservé à la pharmacie de la Maison, offre des particularités
remarquables. La partie supérieure en est extraordinairement développée.
Près du frontal, il est aminci à ce point que l'on reconnaîtrait au travers la
couleur d'un objet. Les phrénologistes y lisent les caractères de l'exaltation.
de la persévérance et de la prédisposition à la folie. » (Maximilien Raoul
(Le Tellier) *Histoire pittoresque du Mont Saint-Michel*, 1834, in-8, p. 217.)

[3] *Moniteur*, 12 oct. 1844.

Naündorff et Hébert (Richemont) n'ont pas manqué de récriminer contre
le gouvernement de Louis XVIII, à l'occasion de Mathurin Bruneau, et de
prétendre que son affaire n'aurait été qu'une jonglerie destinée à égarer
l'opinion et à la détourner de la recherche du véritable Louis XVII. Il est
certain que Bruneau était peu intéressant et qu'on a peine à comprendre le
fanatisme qu'il inspira à ses courtisans; certain qu'on trouve dans sa conduite, comme dans son langage, un mélange de folie et d'astuce. Mais il est
incontestable aussi (et les pièces conservées aux Archives nationales en font
foi) que les autorités civiles, militaires et judiciaires l'avaient pris fort au
sérieux et que « tous leurs rapports s'accordaient à confirmer que cet
homme n'était pas un fou, mais jouait le rôle d'un imposteur. » (Lettre du
baron Martial, commandant par intérim la 15e division militaire, au Ministre de la Guerre, Rouen, 27 avril 1817). La sincérité et l'honorabilité de
plusieurs de ses fidèles sont hors de doute, et les moyens qui surprirent leur
crédulité n'étaient pas en somme beaucoup plus grossiers que ceux à l'aide
desquels les autres faux Dauphins se sont fait depuis tant de partisans.

[4] *Histoire des deux faux Dauphins* ; — *Les Imposteurs fameux*, 149 et s.;
— Larousse ; — A. de Pistoye, *Gaz. des Trib.* février 1874 ; — *Légendes
populaires, Louis XVII* ; — Eckard, *Mémoires historiques*, 3e édit. ; —
Supercheries littéraires ; — *Procédure complète de Mathurin Bruneau, se
disant Charles de Navarre et fils de Louis XVII*. Lille, in-8 (1818) ; —
Histoire et Procès complet du faux Dauphin. Paris, Pillet (1818), in-8 de
128 p. portr. et complainte;—C.Port.,*Dictionnaire de l'Anjou;*—A.F.Thomas,
Notices, etc.;—Répertoire général des causes célèbres anciennes et modernes,

DUFRESNE (1818).

Le 18 février 1818, un homme se présenta aux Tuileries et demanda à parler au Roi, qui, disait-il, le reconnaîtrait pour son neveu à une marque particulière, à une cicatrice qu'il lui montrerait. On le conduisit à l'État-major de service, et l'on découvrit que ce prétendu Louis XVII était Jean-François Dufresne, neveu de Dufresne de Saint-Léon, ancien premier commis des Finances et conseiller d'État. Le malheureux était complètement fou. [1]

UNE SECONDE FAUSSE DAUPHINE (1820).

Celle-là était fille d'un marchand de vins, domestique d'un acteur, hystérique par dessus le marché. En se regardant dans son miroir, elle s'était trouvée beaucoup de ressemblance avec la duchesse d'Angoulême (ce qui était vrai). Elle en avait conclu qu'elle était la véritable Marie-Thérèse, et que l'autre n'était qu'une copie. Elle avait même bâti là-dessus un petit roman assez ingénieux, où elle était tirée de prison, et où le Dauphin l'était lui-même, uniquement pour empêcher que la fraude qui la concernait ne fût reconnue.

Un colonel, à qui elle offrit ses faveurs pour le gagner à sa cause, eut l'ingratitude de la faire arrêter. « Au moment où on l'arrêta, elle était dans le costume le plus grotesque qu'il soit possible d'imaginer. Des pieds à la tête, elle était couverte de franges rouges et de toute espèce de passementerie ; elle traînait en laisse trois

sous la direction de B. Saint Edme. Paris, Rosier, 3e série, t.IV. p.28;—Robert (ancien avocat) *Débats dans l'instruction du Procès de Mathurin Bruno (se disant Charles de Navarre) devant la chambre de police correctionnelle du tribunal civil du Département de la Seine Inférieure.* Rouen et Paris, 1818, 8 nos formant un vol. in-8o ; — *Réponse à M. Dupuis, avocat à Rouen,* par le même. (Paris), Patris. s. d. in-8 de 16 p. Dupuis, avocat de Branzon, avait relevé les antécédents révolutionnaires de Robert ; — Vte de la Rochefoucauld, *Mémoires,* t. V, p. 66 ; — *Le Faux Dauphin, ou la vie, les aventures, le procès et le jugement de Mathurin Bruneau se disant Charles de Navarre et fils de Louis XVI.* Paris, Tiger, in-18 de 108 p., avec une figure représentant Bruneau en sabotier et cette légende : *Il fait des sabots ne pouvant plus faire le Dauphin. Affaire du faux Dauphin.* Rouen, Mary, 1818, in-8o ; — Nauroy, *Les Secrets des Bourbons ;* — etc.

[1] *Supercheries littéraires.*

ou quatre chiens, et, dans un panier assez élégant qu'elle portait
au bras, elle en avait une douzaine d'autres tout petits et tout
bariolés de faveur verte et rose ; ceux-là elle les appelait
ses chevaliers et fidèles nouveau-nés qui avaient pris ses couleurs.
Il fallut user de violence pour la débarrasser de ce singulier
attirail [1]. » On la conduisit à la Salpétrière, où elle ne tarda pas à
mourir.

L'HUISSIER R. (1820).

Deux ans après Dufresne, en février, un sieur R., huissier d'Uzès,
se faisait arrêter dans des circonstances identiques. Lui aussi
était fou ; mais ce n'était pas une cicatrice qu'il voulait montrer
à Louis XVIII ; il était envoyé directement du firmament pour
se faire reconnaître par son oncle en qualité de fils et d'héritier
de Louis XVI [2].

EN AMÉRIQUE (1824).

L'Amérique, où le développement des idées démocratiques et
le sens pratique des choses n'excluent pas le penchant au merveilleux et le goût du surnaturel le plus excessif, témoins les
progrès incroyables de la religion des Mormons et la découverte
des Esprits frappeurs, a fourni plusieurs Louis XVII. Il serait
injuste de rendre, comme on a voulu le faire, la foi monarchique
responsable de certaines superstitions qui sont de tous les
pays comme de tous les temps.

En mai 1824, il n'était bruit dans Washington que de l'apparition d'un Louis XVII, qui annonçait pompeusement qu'il possédait toutes les pièces justificatives de ses prétentions et n'en
montra aucune [3].

PERSAT (1824).

En 1824, un ancien militaire, dont les facultés avaient subi
quelque dérangement par suite d'une blessure à la tête, lança des
Proclamations à son peuple dans plusieurs journaux, en annonçant des *Mémoires* qui n'ont jamais paru. C'était un nommé Victor

---

[1] Peuchet, *Recherches*, etc., dans *les Mémoires de Tous*, t. II, p. 319.
[2] *Supercheries littéraires*.
[3] *Constitutionnel*, 24 juin 4824 ; — Dulaure, *Esquisses historiques sur
la Révolution française*, t. IV, p. 174.

Persat, appartenant à une famille honnête, qui se hâta de protester contre cette insanité. Persat brodait quelques variations sur le thème de ses prédécesseurs. C'était un joueur d'orgue qui l'avait enlevé dans la caisse de son instrument, en février 1793, et lui avait substitué un autre enfant de son âge. Transporté par un colporteur qui le cachait dans sa boîte, dans un château voisin de Riom, il y avait usurpé le nom et la place d'un enfant appelé Victor Persat, mais à l'aide de certains breuvages, on l'avait rendu sourd et muet pendant dix ans. Engagé à 17 ans dans un régiment de cavalerie, sous le nom de Persat, il avait successivement passé dans plusieurs autres, avait fait la campagne de Russie, y avait été blessé lors de la retraite, était rentré dans la famille Persat, et y avait même recueilli sa part d'un héritage. De là, il était parti pour l'Amérique, où il avait joué toutes sortes de rôles : maçon, entrepreneur de bâtiments, capitaine de corsaires. En 1812, le secret de sa naissance lui ayant été révélé, il s'était présenté au Congrès de Washington, qui l'avait, disait-il, fort bien accueilli. Moins heureux en France, on l'arrêta et on l'enferma à Bicêtre [1].

AUG. MÈVES (1830).

Mèves est un Anglais. Il est peu connu en France. Un peu musicien, un peu peintre, un peu littérateur, il s'éveilla, un beau jour, ayant rêvé qu'il était le véritable Louis XVII, et se mit à écrire pour le prouver, d'abord à la duchesse d'Angoulême (1830), puis à ses amis, puis au public. Il lança, en guise d'essai, deux brochures qui n'eurent guère de retentissement [2]. Il composa ensuite un volume qu'il laissa manuscrit et que ses fils ont publié (1868) après sa mort [3].

[1] *Paris révolutionnaire*, 1834, t. IV, Article de Frédéric Degeorges sur *les Proscrits de la Restauration; – Supercheries littéraires.*
[2] *Prisoner of the Temple*, 1860 ; — *Louis XVII*, 1867.
[3] *The Authentic Historical Memoirs* of Louis Charles, Prince Royal, *Dauphin of France, second son of Louis XVI and Marie Antoinette, who, subsequently to october* 1793, *personated through supposititious means, Augustus Meves.* The Memoirs, written by the veritable Louis XVII, are dedicated to the French Nation. The compilation and commentary by his two eldest sons, William, and Augustus Meves. London, William Ridgway, 1868, in-8° de xxiii et 342 p. Avec un élégant cartonnage spécial, aux Armes de France. — Ce volume a été grossi d'une foule de documents qui n'ont aucun

5

Il ne fonde ses prétentions sur rien qui mérite la moindre attention. En fait de souvenirs personnels, il n'invoque que la blessure que lui aurait faite Hébert en le poussant brutalement contre une porte, blessure qui aurait eu le résultat heureux d'attendrir en sa faveur Mᵐᵉ Simon, jusque-là impitoyable. Il ne sait même pas, il ne peut dire comment il aurait été enlevé du Temple, ni comment on lui aurait substitué un enfant sourd-muet, de Buren près Utrecht, procuré par les soins d'un abbé Morlet, et dont le véritable nom aurait été Dodd [1]. Conduit aussitôt en Angleterre, il y aurait été élevé dans la famille Mèves, comme un enfant légitime. Mᵐᵉ Mèves aurait ainsi accompli une promesse faite à la Reine, au service de laquelle elle avait été attachée pendant quelques années, sur la recommandation de Sacchini. Elle portait alors le nom de Schroeber. Les Simon se seraient prêtés à la chose. Un marquis de Bonneval, le prince abbé Charles de Broglie, quelques-uns des personnages de l'affaire du Collier se trouvent mêlés à cette intrigue, sans qu'on voie bien comment ni pourquoi. Il semble qu'une certaine irrégularité dans la filiation de Mèves l'aurait engagé à s'en faire ainsi une des plus illustres. Il invoque, comme les autres imposteurs, certaines marques corporelles particulières, tout en reconnaissant que ses yeux et ses cheveux n'ont pas la couleur de ceux du Dauphin ; mais il produit des consultations de médecins chimistes pour établir que les yeux et les cheveux peuvent changer de couleur. Rien de plus pauvre à vrai dire, de plus vide que son système [2].

FONTOLIVE (1830-31).

La Révolution de Juillet vint donner aux tentatives des faux Dauphins un caractère nouveau. Ce ne furent plus seulement de pauvres fous qui entrèrent en scène, mais des intrigants, des

rapport ni avec l'histoire de Louis XVII, ni avec celle de Mèves lui-même. Il a été l'objet d'un jugement assez indulgent de la part de M. Gustave Masson dans la *Revue des questions historiques*, juillet 1867. Comment ce critique distingué a-t-il pu confondre Martin, de Gallardon, avec Hervagault, Bruneau et les autres prétendants? Martin n'était qu'un visionnaire, sans aucune ambition royale.

[1] « How this was accomplished i cannot tell, but it was accomplished is positively true as certainly a deaf and dumb boy was introduced in to the *Tower* of the Temple. »

[2] *Supercheries littéraires ; — Figaro*, 26 janvier 1869 ; — etc.

escrocs, armés de toutes pièces, jouant serré et trouvant dans le dévouement de nombreux complices, plus ou moins aveugles, plus ou moins intéressés, un appui extraordinaire. La chute des Bourbons avait ranimé les anciennes ferveurs royalistes. Les imaginations ébranlées par cette grande catastrophe étaient plus accessibles à toutes les impressions du dehors. La politique d'ailleurs s'en mêla, et à l'extrême droite comme à l'extrême gauche, on se fit contre le roi Louis Philippe une arme de guerre de l'existence des Prétendants, des rigueurs dont ils furent l'objet.C'est ainsi que les noms de Naündorff et de Richemont furent exploités par quelques-uns de ceux dont ils avaient eux-mêmes exploité la bourse et la crédulité.

Ils furent toutefois devancés par un pauvre diable du nom de Fontolive, qui surgit à Lyon en 1830, et vint échouer devant le tribunal correctionnel de Pontarlier en octobre 1831. Il ne prouva pas du tout l'illustre origine qu'il voulait se donner ; mais on lui prouva trop bien qu'il avait été tour à tour dragon, maçon et garçon de salle à Bicêtre. Peut-être avait-il été employé dans le quartier des fous et y avait-il gagné quelque chose de leur maladie [1].

V

RICHEMONT (1831).

Au mois de juillet 1831, Richemont lance son premier factum : *Mémoires du duc de Normandie, fils de Louis XVI, écrits et publiés par lui-même* [2].

Quels étaient les véritables noms de ce personnage, qui s'était appelé successivement Hébert, Giovanni, de France, baron Augustin Picted, Legros, baron Bénard, comte de Saint-Julien,

[1] *Mémoires de M. Gisquet*, ancien préfet de police, écrits par lui-même t. IV, ch. 3 ; — *Supercheries littéraires.*
[2] Paris. Chez les marchands de nouveautés, 245 p. in 8°. M. Nauroy attribue à tort à Naündorff cet ouvrage et ceux qui furent publiés à l'appui. Ils furent en réalité composés par ou pour Hébert (Richemont).

colonel Lemaitre, Henri de Transtamare, prince Gustave et baron
Richemont? Probablement : Henri-Ethelbert-Louis-Victor Hébert.
Nous disons *probablement*, car son origine n'a jamais été bien
éclaircie, et ces noms, les premiers sous lesquels on l'ait connu,
pouvaient être mensongers comme les autres. On a cru aussi
qu'il pouvait s'appeler Claude Perrein, né le 7 septembre 1786,
à Lagnieu (Ain), fils d'un boucher : erreur bientôt rectifiée ·.

Quels étaient ses antécédents? Tout ce qu'on a pu découvrir
d'authentique à cet égard, c'est qu'il avait été prisonnier de la
police autrichienne à Milan, en même temps qu'Andryane et
Silvio Pellico [2], en 1821 ; qu'il jouissait dans sa prison d'une assez
grande liberté et qu'il l'avait quittée en octobre 1824. Il était alors
venu à Toulon, où il avait déposé une somme de 50,000 francs
entre les mains d'un négociant, puis à Rouen, où il avait été
d'abord employé dans les bureaux de la Mairie et ensuite maître de verrerie. Il n'avait pas réussi dans sa spéculation, et avait
même été condamné comme banqueroutier à trois mois de prison. Dès 1828, il adressa, paraît-il, soit aux Chambres, soit à
quelques-uns de leurs membres individuellement, des pétitions
pour réclamer, sinon le trône, du moins la qualité d'enfant de
Louis XVI [3]. Il recommença après la révolution de 1830 [4], et à
partir de cette époque jusqu'à son arrestation (1833), on devait
le voir à Paris, à Grenoble, à Lyon, mêlé à des intrigues et à
des intrigants de toute nuance, légitimistes, républicains et
même bonapartistes. Sa vie était débauchée et crapuleuse.

Parmi les croyants qui lui firent cortège, on peut citer un
de Brémond, ancien serviteur de Louis XVI ; Piston, qui fut son
avocat devant la cour d'assises ; le sculpteur Foyatier, assez
singulièrement fourvoyé dans ce monde interlope ; l'évêque de
l'un des diocèses les plus importants de l'Est ; l'abbé Nicod, curé

[1] *Supercheries littéraires ;* — *Univers*, août et septembre 1850.
[2] *Mémoires de Silvio Pellico*, liv. 1, ch. 18,19, 20, 21.
[3] M. Nauroy (p. 124) cite une *Pétition à la Chambre des Pairs*, datée
de Luxembourg, 2 février 1828, manuscrite; une *Proclamation*, datée
aussi de Luxembourg, 6 janvier 1830; et une *Protestation contre l'élection
de Louis-Philippe*, 2 août 1830 (manuscrites aussi, sans doute).
[4] *Proclamation du duc de Normandie*, Bruxelles, 31 mars 1831, s. l, n.
d., 1 p. in-4°.
« L'avide et stupide époux de la fille d'un Roi, y disait-il en parlant de
Louis-Philippe, était-il bien fait pour rendre à la France sa liberté et sa
mission ? »

de la Croix-Rousse à Lyon, dont le cardinal de Bonald fut forcé de censurer le zèle indiscret et les erreurs théologiques ; la Mère Alphonse [1], du couvent de Niederbronn, et, chose plus incroyable, l'abbé Tharin, ancien évêque de Strasbourg, ancien précepteur du duc de Bordeaux. On voudrait, pour l'honneur de sa mémoire, douter d'une pareille défection, si elle n'était établie par des documents trop positifs [2].

On comprend d'autant moins l'ascendant exercé par Richemont sur des gens qui lui étaient supérieurs par tant de côtés, que, tout en flattant leurs préjugés monarchiques et religieux, et surtout en exploitant à son profit la croyance aux prophéties, telles que celles de Martin et du religieux d'Orval, alors fort en vogue, il eût dû les scandaliser par la licence de ses mœurs et de ses opinions.

Il lui fallait un incroyable aplomb ou une singulière adresse pour mener de front les intrigues les plus contradictoires.

Dans ses *Mémoires*, il s'était présenté comme un combattant de juillet (p. 207), et il promulguait une Constitution dont le suffrage universel, *l'électivité* de toutes les fonctions et la séparation de l'Église et de l'État devaient être la base (p. 213) [3].

Ces *Mémoires* sont d'ailleurs un chef d'œuvre d'ignorance et d'effronterie, un véritable défi au bon sens et à la vérité ; mais ce défi est jeté avec un aplomb étourdissant, et au milieu

[1] Elisabeth Eppinger de son nom de famille. Cette religieuse a laissé en Alsace une réputation touchante de piété, de vertu et de charité. Elle y a fondé un ordre important de religieuses vouées au soin des malades. Dans quelle mesure crut-elle à la vocation royale de Richemont? Il est difficile de le savoir, ses sentiments à cet égard n'étant établis que par les témoignages, fort suspects, des partisans de cet aventurier. Des gens fort respectables, habitants du pays, sont convaincus qu'elle s'intéressait plus à son salut, fort compromis par les désordres de sa vie, qu'à sa candidature royale. Dans tous les cas, elle n'avait qualité ni pour en vérifier, ni pour en certifier l'authenticité, non plus que les autres religieuses de Belley et des Gardes, ou que la Bergère de Sainte-Affrique, dont on a fort légèrement mêlé le nom à cette affaire (V. de Stenay, *Louis XVII vengé, passim*). Il en est de même de celui du P. Fulgence, que nous retrouverons plus loin, non plus seulement sectateur des Louis XVII, mais promu lui-même au rôle de Louis XVII par la crédulité de certaines personnes, et de celui du vénérable abbé des Genettes. (*ib.*)

[2] Claravali, *passim ; — Biographie* Michaud, *Suppl.* Vo *Tharin ;* —Stenay, *Louis XVII vengé*, p. 101, 218, etc.

[3] Édition à part : *Projet de Constitution*. Paris, Prévost, 1832, in-12 de 24 p. ; — autre, 1833.

des émotions qui, après la révolution de Juillet, agitèrent la rue et les esprits, il avait moins de chance d'être relevé.

Le prétendu duc de Normandie parle à la première personne ; on voit même sa signature autographe sur la garde du livre. Cette mise en scène était nouvelle. Ni Hervagault, ni Bruneau, ni aucun de leurs successeurs n'y avait eu recours.

Ces *Mémoires*[1] ayant été refondus et complétés dans une autre biographie du duc de Normandie[2], nous réservons les détails pour l'analyse de ce dernier ouvrage, et ne les résumerons eux-mêmes que le plus succinctement possible.

« Le Dauphin, enfermé au Temple avec sa famille après le 10 août 1792, aurait été séparé de son père pendant quelques mois (c'est une erreur). — On lui aurait substitué un enfant apporté dans un cheval de carton (souvenir du *Cimetière de la Madeleine*). — L'enlèvement aurait eu lieu peu de temps avant la chute de Robespierre, c'est-à-dire vers le mois de juin 1794 (p. 53-55). — Il aurait été préparé par un émissaire du prince de Condé, d'accord avec Charette (Frotté n'est pas encore nommé). — La femme Simon aurait favorisé cet enlèvement (elle avait quitté le Temple six mois auparavant). — C'est le Directoire qui empoisonna Dussault (Desault), pour empêcher la divulgation de la substitution qu'il avait constatée. (Desault mourut le 1er juin 1795, et le Directoire n'entra en fonctions qu'au mois de novembre suivant.) — Le Dauphin aurait été transporté hors de Paris dans un second cheval de bois[3]. — Séjour de « quelques semaines » auprès de Charette. — Visite au prince de Condé. — Remise à Kléber. — Séjour en Egypte. — Voyages en Italie et en Amérique. — Combats, exploits et aventures plus surprenantes que celles de Robinson Crusoë, chez les sauvages *Mamelucks (sic)* dans les déserts de l'Amérique méridionale. — Séjour à la cour du Brésil. — Retour en France ; accueil par Fouché et par le prince de Condé. — Assassinat de Fualdès pour s'emparer des lettres de don Juan de Portugal et de celles du prince de

---

[1] Rédigés, paraît-il, par Saint-Edme, qui faisait quelque peu le métier de *teinturier littéraire* (*Supercheries littéraires*). Richemont, devant la Cour d'assises, et ses partisans, ont plus tard désavoué le livre et la signature, tout en reconnaissant qu'ils étaient l'œuvre d'un confident. (*Inflexible*, n°s 22-23, 1850 ; — *Louis XVII vengé*, p. 28).

[2] *Vie de Mgr le duc de Normandie*, par Claravali del Curso, 1850.

[3] Nous en verrons plus loin la singulière description.

Condé que lui a confiées le Dauphin, mais celles-ci ne se retrouvent pas. — Arrestation en Autriche et captivité à Milan. — 1828, 1829 et 1830, pétitions aux Chambres. — Après les journées de Juillet, démarches auprès du duc de Bourbon et reproches amers ; lettres à tous les membres de la famille de Bourbon. — Injures à tous. — « Cause innocente de la mort de Dussault, de Pichegru, de la femme Simon, de Joséphine, de Fualdès, de l'abbé de Tourzel et peut-être du duc de Bourbon » (nous verrons la liste se grossir plus tard) (p. 244).

Hébert n'en resta pas là, et à partir de ce moment, il inonda le public de brochures, toutes écrites pour soutenir ses prétentions et quelques-unes empruntant au nom de leurs auteurs supposés un crédit apparent.

Telles furent celles éditées en 1831 et 1832, sous le nom de Labreli de Fontaine, bibliothécaire de la duchesse douairière d'Orléans, qualité que certaines personnes, notamment MM. Jules Favre et Louis Blanc, n'ont pas manqué de relever comme une preuve ou du moins une présomption de sincérité et d'autorité [1].

Labreli de Fontaine a-t-il réellement eu cette qualité ? Nous voulons le croire, encore que son nom soit absent, non seulement des Répertoires de Quérard et de Bourquelot, mais de tous les dictionnaires ou annuaires que nous avons pu consulter, et que ce nom n'ait laissé aucun souvenir à des personnes attachées elles-mêmes à la maison d'Orléans [2].

Mais serait-il l'auteur de ces deux brochures ? Nous en doutons pour l'honneur des fonctions qu'il aurait remplies. Il aurait vendu, prêté ou laissé prendre son nom à quelque faiseur.

[1] *Révélations sur l'existence de Louis XVII*, par M. Labreli de Fontaine, bibliothécaire de S. A. S. Mme la duchesse douairière d'Orléans. Paris, chez les Marchands de nouveautés, 1831, in-8° de 27 p.
Nouvelles Révélations sur l'enlèvement et l'existence du duc de Normandie, Seconde partie, par le même. Paris, mêmes indications, 1832, in-8° de 20 p.
[2] Un prétendu certificat de ce Labreli, en date du 30 juillet 1833, transcrit dans les *Mémoires d'un Contemporain*, p. 159, parle de la remise qu'il aurait faite à Richemont de quelques pages d'écriture de la main de la Duchesse et de lettres signées, quelques-unes du moins, de signatures illisibles, pages et lettres mouillées de larmes. « Gardez les bien et remettez-les lui, si vous êtes assez heureux pour voir celui que nous désirons tant, » aurait-elle dit à Labreli en les lui confiant cinq ou six mois avant sa mort (qui eut lieu le 24 juin 1821). Labreli ne peut dire ce qu'auraient contenu ces documents, et jamais l'audace des défenseurs de Richemont n'a essayé d'en tirer le moindre parti, ce qui prouverait, dans tous les cas, leur complète insignifiance.

Ces brochures ne sont, en effet, que la reproduction servile et presque littérale des imaginations romanesques de Regnault-Warin. Sacre de Louis XVII dans la tour du Temple par l'évêque de Saint-Papoul ; envoi à Desault d'une bourse de cinq cents louis ; entrée au Temple de *Cyprien* (*Adrien* dans le Roman), l'élève de Desault, et de son jeune ami, à l'aide de la carte dérobée ; introduction de l'enfant endormi dans un cheval de carton et substitution au Dauphin ; complicité de la femme de garde ; fuite en Vendée ; couronnement, et jusqu'au fameux discours de Charette, textuellement reproduit [1], rien n'y manque.

Labreli déclare qu'il a à sa disposition « des pièces authentiques qui déposent de l'existence du Prince, » mais il se garde

[1] Le prétendu Labreli ne s'est même pas aperçu que ce qu'il donne pour une Proclamation était, dans le roman, une allocution coupée par des interruptions qu'il reproduit, et qu'en la datant de la fin de 1795 (toujours avec le Roman), après avoir fait évader le jeune prince en juin 1794 (*sic*), il suppose nécessairement qu'il aurait séjourné dix-huit mois entiers à l'armée de Charette, ce qui dépasse toutes les limites de l'absurde.

L'auteur du pamphlet : *En Politique point de justice* (Gruau de la Barre), invoquant, sans scrupule, dans l'intérêt de Naündorff, cette Proclamation fabriquée dans celui de Richemont, n'a-t-il pas l'audace — que n'avait pas eue Labreli — de dire qu' « elle existe aux Archives, revêtue de beaucoup de signatures ? » Mensonge impudent !

Eckard et Antoine de Saint-Joseph, tous deux engagés de vieille date sur la question, prirent la peine de répondre à ces pamphlets.

Le premier publia une brochure intitulée *L'Enlèvement et l'Existence actuelle de Louis XVII, démontrés chimériques* (Paris, Ducollet, 1831, in-8° de 2 et 56 p., avec *Note justificative* et faux titre portant : *Supplément aux Mémoires historiques sur Louis XVII*). Son travail est fait avec soin. Il relève les bévues et les contradictions de Labreli, mais il se trompe lui-même en lui objectant la proclamation de Charette, datée de Maulévrier, le 22 juin 1795, où le général vendéen, loin de déclarer que le Dauphin est en ses mains, ce qu'il n'eût manqué de faire si la chose eût été vraie, accuse la Convention de l'avoir empoisonné au Temple. Nous avons vu que cette proclamation était apocryphe. Deux petits écrits firent suite à cette brochure : *Sur une Honnêteté littéraire*, nov. 1831, in 8° de 3 p., et *Réplique à une réponse évasive*, décembre 1831 *(Supercheries littéraires*, v° *Louis-Charles)*.

Antoine donna : *Preuves authentiques de la mort du jeune Louis XVII, Détails sur ses derniers moments, Pièces justificatives, Documents inédits et Réfutation des Mémoires du soi-disant duc de Normandie, fils de Louis XVI.* Paris, Hivert, 1831, in 8 de 48 p. ; seconde édition, revue et augmentée de documents nouveaux. Paris, le même, novembre 1831, in 8° de 66 p.

Ils furent eux-mêmes réfutés par un nommé Fortin : *L'Existence de Louis XVII, prouvée par les faits et les prophéties et Réponse aux brochures de MM. de Saint-Gervais et Eckard, intitulées, l'une : « Preuves authentiques de la mort du jeune Louis XVII »... L'autre : « L'Enlèvement et l'existence actuelle de Louis XVII, démontrés chimériques. »* Paris, Mme

bien de les publier [1]. Il récrimine violemment contre Louis XVIII, les Bourbons et Napoléon, et les accuse pêle-mêle, entr'autres forfaits, de l'empoisonnement ou de l'assassinat de Joséphine, du cardinal Maury, de Fualdès, du curé de Sainte-Marguerite, du duc de Berry.

Vint ensuite la réimpression d'un ancien opuscule publié en l'honneur de Thomas Martin [2], de Gallardon, le laboureur visionnaire, avec documents et commentaires qui le rattachaient à Hébert, comme un nouveau *Précurseur* à un nouveau *Messie :* premier essai de ce système audacieux et l'on peut dire sacri-

---

Goulet, in-8° de 32 p. (L'exemplaire de la Bibliothèque nat. est incomplet.) L'auteur dit que « Simon n'est sorti du Temple qu'après le 9 thermidor. » Tout le reste est de cette force.

Ce Fortin passa plus tard à Naündorff, ainsi que le constate une lettre du 28 octobre 1835, publiée dans *les Intrigues dévoilées*, t. III, p. 481. Il s'y déclare « membre du Comité secret nommé par Louis XVI. » Il ajoute : « Je suis l'homme qui, en 1831, a, le 27 mars, allumé des lampions sur sa fenêtre, pour l'anniversaire du Dauphin, afin d'éclairer un transparent indiquant une loterie, n° 71 — Retournez, n° 17. — A cette époque, j'avais 71 ans et Louis XVII en prenait 47. »

Naündorff ne faisait pas en Fortin une recrue bien sérieuse.

Voici encore une publication hostile aux *Mémoires*, dont elle renferme un résumé ironique, et qui se termine ainsi : « Pauvre fou, retourne chez tes sauvages ! » *Apparition d'un nouveau prétendu Dauphin, se disant fils de Louis XVI.* (Paris) Poussin. (s. d.) 4 p. in-8₀.

[1] Il donne cependant, sans dire où il l'a trouvé, l'article suivant d'un prétendu Traité secret arrêté à Paris, en 1814, entre les Puissances alliées, et dont le mensonge saute aux yeux :

« Bien que les hautes puissances contractantes, souveraines alliées, n'aient pas la certitude matérielle de la mort du fils de Louis XVI, la situation de l'Europe et leurs intérêts politiques exigent qu'elles placent à la tête du pouvoir en France, Louis-Xavier, comte de Provence, sous le titre de roi, ostensiblement, mais n'étant de fait, dans leurs transactions secrètes, que régent du royaume pour les deux années qui vont suivre ; se réservant pendant ce laps de temps d'acquérir toute certitude sur un fait qui déterminera ultérieurement quel doit être le souverain régnant sur la France, etc.»

C'est dans un journal anglais de fort peu d'autorité, *Court Journal*, 24 mars 1832, qu'avait paru ce document, auquel M. Louis Blanc (p. 324) affecte d'accorder une certaine importance, sur la foi seule de la sincérité de Labreli qu'il n'avait pas vérifiée.

[2] Ce Martin, qui fit quelque bruit en 1816 et années suivantes, à l'occasion de visites et de révélations que les Anges lui avaient faites et d'une mission dont ils l'auraient chargé auprès de Louis XVIII, était un pauvre paysan dont la bonne foi ne peut guère être suspectée; mais on ne connaît au juste ni les influences qu'il aurait subies, ni les mobiles personnels qui l'auraient fait agir (*Biographie* Michaud, Supplément, V° MARTIN).

lège qui devait faire d'un misérable aventurier, non pas seulement un prétendant, mais un prophète, un apôtre et presqu'un
Dieu [1]! Beaucoup de bonnes âmes s'y laissèrent prendre, sans
s'arrêter ni à l'impiété connue de Hébert [2], ni à son rôle de républicain et de combattant de juillet, tant la crédulité est prompte
à dévorer les aliments les plus grossiers qu'on lui jette en pâ-
ture, et ce fut un Montmorency qui fit les frais de la publication !

Martin lui-même se laissa, paraît-il, gagner à la cause du
prétendant et finit par se présenter comme une des trois personnes chargées de le remettre sur le trône de France [3]. Il mourut avant d'avoir accompli cette mission, en mai 1834. Richemont n'a pas manqué d'insinuer que Martin aurait été, lui aussi,
empoisonné par ses ennemis.

Enfin un certain Morin de Guérivière, dont les révélations
étaient annoncées avec fracas comme celles d'un témoin, d'un
acteur dans le drame de l'évasion, vint à la rescousse et publia
ses *Souvenirs* [4].

[1] *Le Passé et l'Avenir expliqués par des événements extraordinaires
arrivés à Thomas Martin, laboureur de la Beauce ; avec des notes curieuses sur quelques personnages qui ont figuré dans ces événements, quelques
mots sur les révélations publiées à ce sujet par M. S...* (L. Silvy, ancien
magistrat). *On y a joint une Dissertation sur le procès verbal de la mort de
Louis XVII, sur les Mémoires dits du Duc de Normandie et sur divers
ouvrages récemment publiés sur le même sujet. Cette édition est la seule
qui soit revêtue de l'attestation de Th. Ign. Martin.* Paris, Bricon, 1832,
in-8° de 308 p. (par l'abbé Perraud, ancien vicaire général de la Grande-
Aumônerie.)

M. Silvy, auteur de la *Relation* ainsi reproduite et dénaturée dans
quelques-unes de ses parties, protesta immédiatement dans un écrit intitulé : *M. S., ancien magistrat, à l'auteur de l'écrit intitulé : Le Passé et
l'Avenir expliqués par les événements extraordinaires arrivés à Thomas
Martin, laboureur de la Beauce.* (Paris, Pihan De La Forest (1832), in-8° de
28 p.). Il s'éleva surtout contre la supposition que Martin, dans son entrevue
avec Louis XVIII, lui eût révélé l'existence de Louis XVII et l'eût engagé à
descendre du trône pour y faire place à son neveu : cette révélation était
précisément l'objet principal du nouvel éditeur.

Eckard répondit aussi. On a de lui : *Un Dernier mot sur Louis XVII, et
Observations, en ce qui concerne ce Prince, sur un ouvrage intitulé « Le
Passé et l'Avenir.* » Paris, Ducollet, 1832, in-8° de 64 p.

[2] *Mémoires de Silvio Pellico.*

[3] *Supercheries littéraires,* V° *Louis-Charles.*

[4] *Quelques Souvenirs destinés à servir de complément aux preuves de
l'existence du Duc de Normandie, fils de Louis XVI ;* Paris, chez les Marchands de Nouveautés, 1832, in-8° de 36 p.

La déception fut grande. L'auteur se borne à raconter fort longuement comment il aurait été, le 7 juin 1795, emmené en voiture de poste, de Paris à Thiers, par un certain Ojardias, agent du prince de Condé ; comment cet Ojardias aurait fait, sur la route, les folies les moins compatibles avec sa prétendue mission (celle, par exemple, de rouer de coups le postillon de Conventionnels en tournée, qui s'était permis de dépasser sa voiture); comment il aurait été arrêté, puis relâché à Thiers, et enfin déposé chez un M. Barge-Béal où il aurait séjourné longtemps: le tout, sans doute, pour attirer sur sa piste les agents de la Convention, pendant que le véritable Dauphin aurait suivi une route différente. Mais il ne peut dire ni qu'il ait vu ce dernier après son évasion, ni qu'aucun personnage de quelqu'autorité lui ait révélé, soit alors, soit depuis, le secret de l'intrigue dans laquelle il aurait joué un rôle inconscient. Il paraît que quelques personnes auraient cru, à cette époque, qu'il était le véritable Dauphin, et on doit lui savoir un certain gré de n'avoir pas essayé plus tard de profiter de leurs bonnes dispositions pour en réclamer le titre. Rien au fond de cet imbroglio qui ait la moindre portée. De ce qu'un enfant nommé Morin aurait été emmené à Thiers, avec un certain mystère, le 7 juin 1795, peut-on conclure qu'à la même époque, ou précédemment, un autre enfant ait été enlevé du Temple et conduit en Vendée? Assurément non. Mais il importe de noter cette date du 7 juin 1795. Si elle coïncide à peu près avec celle de la mort du jeune Dauphin, elle exclut toute possibilité que ce même Dauphin eût été enlevé, soit en janvier 1794, soit en juin 1794, soit en janvier 1795, à aucune des époques, en un mot, indiquées successivement par Hébert. En d'autres termes, Morin ne peut être sincère, sans que son seigneur ne soit un imposteur [1].

---

[1] Aussi Naündorff, que nous verrons plus tard invoquer les *Souvenirs* de Morin contre Morin lui-même, et prétendre que c'est dans son intérêt à lui (Naündorff) qu'il aurait été conduit à Thiers et non dans celui de Richemont, comme Morin le soutenait, crut-il prudent d'inventer une nouvelle fable. Il allégua (un peu tard, il est vrai, et quand il s'était déjà prononcé pour le transport en Vendée de l'enfant enlevé, aussitôt après son enlèvement) que ce même enfant serait resté caché dans les combles de la tour du Temple pendant des mois, des années! et que transporté en Vendée, au mois de juin 1795, à l'époque précisément où se répandit le bruit de sa mort, c'eût été pour donner le change, non pas sur l'enlèvement, mais sur cette transla-

Une quantité d'autres brochures en faveur de Hébert tenaient
la curiosité publique en haleine. Quelques-unes même étaient
d'une violence cynique contre le gouvernement et la dynastie
de Juillet[1]. Il continuait à entretenir des rapports secrets avec les

tion, qu'on aurait jeté une douzaine de faux Dauphins, et Morin parmi eux,
sur toutes les routes de France !

Il faut bien dire aussi qu'on voit percer dans le langage du pauvre Morin,
le vif mécontentement d'un industriel, fabricant de cartonnages, qui,
s'étant fait breveter pour un système de gauffrures et ayant compté sur une
récompense honorifique à cette occasion, ne l'avait pas obtenue, et en avait
gardé une rancune amère au gouvernement de la Restauration.

Il avait contesté au baron de Batz l'honneur d'avoir tenté de délivrer
Louis XVI, le 21 janvier, sur la route de l'échafaud. L'infatigable Eckard
reprit la plume, et sous ce titre : *L'Ombre du baron de Batz à M. P*** de
M**** (Prousteau de Montlouis), *au sujet de la brochure intitulée : « Quelques Souvenirs, etc. »* (Paris Ducollet, 1833, in-8° de 27 p.), publia une réfutation de ces *Souvenirs.*

Morin lui-même rentra en lice en 1841, contre Gruau de la Barre et contre
Gozzoli, sectateurs de Naündorff, par quelques écrits que nous citons
plus loin.

[1] *Le Duc de Normandie.* Paris, Balary in-8° de 4 p.

Dialogue en style populaire entre le Père Bonard et la mère Boulant.

« Les fleurs de lys ont été conspuées et sont en horreur au peuple; le coq
n'est qu'un oiseau de fumier et de boue qui ne peut sortir de ses ordures;
l'aigle, ce roi des volatiles qui plane majestueusement dans les airs, ornera
son écusson. »

*Plaidoyer de M° Jean Bonhomme en faveur du pouvoir absolu, dédié aux
très honorables milord Polignac, Ibrahim La Bourdonnage, et Judas Bour-
mont,* Paris. Selligue (s. d.), in-8° de 16 p.

Attribution douteuse, que nous empruntons aux *Supercheries Littéraires.*

Lettre de Jean Bonhomme à MM. les Députés de la remontrance. Paris,
25 mai 1832.

A la France de Juillet; Lis, juge et agis si tu peux. Signé Jean
Bonhomme, Paris, 6 sept. 1832. Autographie.

*A la France de Juillet et à tous les généreux défenseurs de la liberté du
peuple.* Signé Jean Bonhomme. Paris, 30 sept. 1832. Autographie.

A la France de Juillet, Lis, juge et agis. Signé Bonhomme Richard.
Paris, 5 octobre 1832. Autographie.

Une Pastorale. Signé Jean Bonhomme. Paris, 21 février 1832. Autographie.

Ces dernières pièces furent l'objet de poursuites et de condamnations.
Elles avaient pour principal objet la révélation d'un prétendu traité entre
Louis-Philippe et les ministres de la Sainte Alliance pour une troisième
Restauration, avec le démembrement et l'occupation militaire de la France,
moyennant des garanties pécuniaires au profit de la famille d'Orléans.

*Nouveaux Documents relatifs au duc de Normandie, fils de Louis XVI,
et contenant de précieux détails sur la détention de ce prince à Milan,
sur le bruit généralement répandu de son mariage avec la duchesse de
Berry,* etc., etc., par une société de Vrais croyants. Paris, Mme Goullet,
1833, in-8° de 23 p.

On voit par cette brochure, d'ailleurs très insignifiante, que Hébert avait

conspirateurs de toute nuance et à répandre autour de lui des sommes considérables [1], qu'il puisait plus particulièrement dans les bourses monarchiques, pour les verser dans celles de la cause républicaine, alors moins bien fournies [2]. Une perquisition à son domicile fit découvrir des armes, une presse clandestine, un uniforme militaire avec une épée et un chapeau à plumes noires, des cachets, les uns aux fleurs de lys, les autres à l'aigle, des papiers compromettants. On l'arrêta à la fin d'août 1833. Après une longue instruction, il comparut devant les assises de la Seine (30 octobre-5 novembre 1834), accusé de complot contre la vie du Roi et contre la sûreté de l'État, d'escroquerie, de port d'armes prohibées et de plusieurs délits de presse. Trois complices, prévenus seulement de participation à la publication des écrits séditieux, Boucher Lemaître, Asselin et Collard, étaient assis à côté de lui.

Nous n'avons pas à retracer ici les débats de cette affaire. Ils ont été publiés plusieurs fois [3]. Hébert, qui tout d'abord refusait de répondre, se défendit assez piteusement. Il déclina la responsabilité des *Mémoires* publiés sous son nom et revêtus de sa signature, et prétendit avoir été enlevé en janvier 1794. Il déclara qu'il croyait être le duc de Normandie, sans affirmer qu'il le fût. « Si je ne le suis pas, disait-il, dites-moi donc qui je suis : » argument assez pauvre et qu'on retrouve dans tous ses écrits. Demandeur aux fins d'obtenir le titre et le nom de Louis XVII, c'était bien à lui qu'il incombait d'établir sa demande. Une partie des assistants trouva qu'il avait quelque ressemblance dans la physionomie avec les Bourbons; le plus grand nombre

trouvé moyen d'occuper la presse de sa personne et de ses prétentions. *Journal du Commerce*, 3 septembre 1832 ; — *Constitutionnel*, 5 mars 1833; — *Écho de Seine et Oise*, 21 mars 1833 ; — *Observateur des Tribunaux* avril 1833; — etc.

[1] Parmi ses clients, on voit figurer le romancier Dinocourt, cher aux cui sinières et digne émule de Regnault Warin.

[2] Gisquet, *Mémoires*, t. IV, ch. 3.

Le croirait-on ?. Carlier, chef de la police municipale de Paris, fut véhémentement soupçonné d'avoir eu des intelligences secrètes avec Hébert (le même, *ib.*). — Débats du procès Richemont devant la cour d'assises de la Seine.

[3] *Journal des Débats*, 29 oct. — 5 novembre 1834 ; — *Supercheries littéraires*, v° *Louis-Charles* ; *Gazette des Tribunaux*, 1-5 novembre 1834; — *Mémoires d'un Contemporain* (publication faite par ou pour Richemont), 1843, p. 161, 232 ; — Stenay, *Louis XVII vengé*, etc.

qu'il n'en avait aucune : tant les inductions tirées des ressemblances sont conjecturales et souvent fautives !

Ses mœurs et ses relations parurent fort suspectes. Son habi-
tude de *ririter* (mot dont il a enrichi la langue française) avec les
plus jeunes des dames qui formaient sa cour, fut jugée équivoque.
La plupart des témoins qu'il produisit déposèrent contre lui.

Andryane, qui ne l'avait pas vu dans la prison de Milan et qui
tout d'abord croyait que Hébert, qui se trompait sur certaines
circonstances locales, n'y avait point été renfermé, finit par
admettre, sur la foi d'indications plus exactes, qu'il avait dû, en
effet, y séjourner.

Le gardien Lasne affirma solennellement, et à plusieurs reprises, que le Dauphin était mort dans ses bras, le 8 juin 1795.

L'incident le plus curieux des débats fut l'apparition d'un per-
sonnage à cheveux blancs, vêtu de noir, porteur d'un grand pli
aux armes de France, qui déclara se nommer Morel de Saint-
Didier. Il venait protester, au nom de l'autre duc de Normandie,
Charles-Louis (Naündorf,) contre les prétentions de Louis-
Charles (Richemont).

Hébert fut déclaré coupable sur tous les chefs, excepté sur
ceux de complot contre la vie du Roi et d'escroquerie, et condamné à douze années de détention.

Quelques mois après, il trouva moyen de s'évader de Sainte-
Pélagie, avec Rossignol, républicain, condamné dans l'affaire de
Juin, et Couder, légitimiste, condamné dans l'affaire de la rue des
Prouvaires.

Pendant les années suivantes, il vécut caché, quoique ses
adeptes lançassent encore de temps en temps dans le public
quelques pamphlets[1], particulièrement en réponse aux publica-

---

[1] *Lettre de M. Ch. de Temper à Madame la baronne de ***. Paris,
Herhan, 1836, in-8° de 16 p.

« ... On n'a pas prouvé que Richemont n'était pas le fils de Louis XVI, ni
connu son origine, ce qui est d'autant plus extraordinaire que chacun sait
qu'aucun individu ne peut être inconnu dans un pays policé..... »

Récriminations violentes contre Naündorff et contre le nom de Charles
Louis qu'il a commis la bévue de s'attribuer.

Deuxième lettre du même. Paris, Herhan, in-8° de 7 p.

« ... Le petit opuscule : *La Croix de Grâce*, qu'on dirait inspiré par la
démence, est le produit de la ruse la plus diabolique. ·

« Naündorff ne peut pas même dire où on l'aurait transporté au sortir du
Temple. »

Cinq années d'intrigues dévoilées, par M. Morin de Guérivière père.

tions de Naündorf et aux révélations qu'avait faites sur son propre compte l'ancien préfet de police Gisquet dans ses *Mémoires* (1840) [1]. Ces révélations étaient terribles et décisives. Nous en avons extrait la plupart des détails qui précèdent.

Réponse à MM. Gozzoli, Morel de Saint Didier, Gruau, Xavier Laprade et autres. Paris, ce 13 août 1839. Paris, Pollet, 1839, in-8º de 6 p. Très violent contre Naündorff, mais écrit, comme les autres brochures du même qui vont suivre, sur les documents officiels recueillis par la police de France et par celle d'Allemagne.

[1] Paris, Marchand, 4 vol. in-8º. Autre édition, Bruxelles, Ch. Hen, 6 vol. in-8º.

Déclaration de M. Chamblant, ingénieur opticien, demeurant à Paris, rue Mazarine, nº 48, par laquelle il reconnaît le fils de Louis XVI dans la personne de M. le baron de Richemont, 1er septembre. Paris, Pollet, 1839, in-8º de 8 p.

Chamblant, qui prétendait reconnaître dans Richemont le Dauphin qu'il aurait entrevu enfant cinquante ans auparavant, n'était qu'une dupe dont tout le monde se moquait dans son quartier (*Supercheries Littéraires*).

Indignement et outragement calomnié par l'ex-préfet de police Gisquet... Paris, Pollet, (mars) 1841), in-8º de 4 p.

Après avoir fait toutes les tentatives possibles pour attaquer devant les tribunaux l'ex-préfet de police Gisquet, qui m'a si lâchement diffamé dans le pamphlet qu'il a publié sous le titre de Mémoires... Paris, Pollet, Soupe et Guillois (15 mai 1841), in-8º de 3 p.

Petits pamphlets sans titres et dont nous donnons les premiers mots qui suffisent pour en caractériser l'esprit.

Réponse à M. Gruau de la Barre, par M. Morin de Guérivière père. Paris, Pollet, Soupe et Guillois, 1841, in-8º de 7 p.

Lettre à M. Gozzoli, avocat, par M. Morin de Guérivière père. Paris, Pollet, etc., 1841, in-8 de 16 p.

Mémoire (sic) *d'un Contemporain que la Révolution française fit orphelin en 1793, et qu'elle raya du nombre des vivants en 1795. pour servir de pièce à l'appui de la demande en reconnaissance d'état qu'il se propose de présenter.* Paris, Vassal frères, 1843, in-8º de 12 et 232 p.

Seconde édition. Paris, Maistrasse et Viart, 1846, in-8º de 424 p.

Seconde autobiographie écrite par Richemont ou plutôt écrite en son nom, plus détaillée que la première, moins prolixe que la troisième, et offrant avec elles de nombreuses variantes.

La main de Richemont, reconnue par Mlle Le Normand, la fameuse pythonisse, pour celle du Dauphin, qui lui aurait un certain jour, avant la Révolution, offert des fleurs. — Anecdote tout à fait apocryphe. Si le fait eût été vrai, Mlle Le Normand n'aurait pas manqué de le raconter dans ses nombreuses publications. Rien n'établit, d'ailleurs, ses rapports avec Richemont, et cette main d'enfant de six ou huit ans, reconnue après quarante ans et plus, ne peut être qu'un conte (p. 41).

Version du *Cimetière de la Madeleine,* reproduite servilement. Ojardias s'est introduit au Temple, en prenant la qualité de médecin. C'est Frotté qui lui a procuré un laisser-passer. L'enfant substitué a été introduit dans un cheval de carton; le Dauphin emporté dans un paquet de linge sale. Date

La propagande ainsi faite en faveur de Hébert, redoubla après la Révolution de 1848 [1]. Il eut plusieurs journaux à sa

de l'évasion, 19 janvier 1794. Le jour même, le Dauphin est parti pour la Bretagne. On l'y a tenu caché jusqu'en juin 1795. Il n'est plus question de reconnaissance, ni de proclamation par les chefs royalistes. Prétendue lettre de Chazal, en date du 8 juin, portant que « l'on a de fortes raisons de sup- poser que l'enfant qui était renfermé au Temple et qui avait disparu dans le temps, est dirigé sur Lyon après avoir été tenu caché dans la capitale : » lettre qui aurait été en la possession de Courtois, le Conventionnel, et que personne, naturellement, n'a jamais vue (p. 59).

Entrevue de Richemond, en 1801, avec la femme Simon « presque folle de joie.

Citations de Labreli, du baron Thierry, etc.

[1] *Circulaire électorale*, 22 mars 1848, signée l'Ex-baron de Richemont, condamné politique en 1834.

« *Citoyens Représentants, le 12 juin 1795, un acte irrégulier en la forme..* » *Adresse aux Représentants de la Nation.* (Paris), Soupe (1848), in-4° de 2 p. Autre édit. Paris, Soupe, in-4°. Autre, Lyon, Dumoulin et Ronnet, in-4°.

Pièce signée : « Le Prisonnier du Temple et de Milan, condamné politi- que de 1834, l'ex baron de Richemont. » Reproduite dans les *Supercheries Littéraires,* V° *Louis-Charles.*

Le Fils de Louis XVI, par M. H. M. de la Salette. Bordeaux, Causse- rouge, (s. d.) in-8o de 8 p. Autre édit. Lyon, Dumoulin et Ronnet (s. d.) in-8°. Extrait de la *Revue Catholique* du 15 novembre 1848.

Ce n'est guère qu'une sorte de prospectus ou de réclame en faveur des *Mémoires* d'un Contemporain.

Biographie de Louis Charles de France, ex-duc de Normandie, fils de Louis XVI, connu sous le nom de *l'ex-baron de Richemont, tirée des Mémoires d'un Contemporain, qui se trouvent chez Boucher-Lemaistre, marchand papetier, rue Neuve-Saint Méry ,* n° 35. Paris , 1848, in-18 de 24 p. Seconde édit., 1848, même format. – Insignifiant.

Lettre du duc de Normandie au F.˙. Dechevaux-Dumesnil (horloger- bijoutier, quai des Orfèvres, n° 58, *à Paris).* Paris le 16e j.˙. du 5 M.˙. de la lune ab. 1849.

« Jeune et dans une position tout à fait exceptionnelle, je fus initié, à quatorze ans, en 1799, en Egypte, dans les sciences occultes des Egyptiens. Poussé par Berthier, Murat, Lannes et autres généraux de l'Expédition, je fus admis au premier grade maçonnique, avec dispense d'âge, et sous le nom de Louis que je portais alors .. Je reçus ensuite tous les grades ma- çonniques, jusqu'à celui de sublime Prince du royal secret.... Lors de mon arrestation en 1833, mon diplôme a disparu avec une foule de papiers im- portants... Désirant aujourd'hui reprendre le nom de mon père, mort le 21 janvier 1793, et recevoir le 33e et dernier degré maçonnique sous ce nom, serait-il indispensable de procéder à une troisième initiation ?... » (Le *Franc- Maçon,* 1849, p. 354.)

Dechevaux-Dumesnil accueillit cette communication avec de grandes pro- testations de sympathie. Il devait répondre dans le n° suivant du *Franc- Maçon.* Il ne le fit pas, nous ne savons pourquoi.

N'est-il pas instructif de voir Hébert, dans la même année, se réclamer

solde [1]. Naündorf avait aussi les siens. Rien de curieux comme la lutte engagée à cette époque entre Richemont et Naündorff.

de son affiliation à la Franc-Maçonnerie et de la bénédiction du Pape ?
L'Ex-baron de Richemont, fils de Louis XVI, à M. le Rédacteur de l'Inflexible, par J. Arnold.

Lettre publiée dans le Journal l'*Inflexible, Journal des intérêts de tous*, n° 2, novembre 1849, pour tâcher de rallumer la polémique.

L'Ex-baron de Richemont, fils de Louis XVI, par M. de la Salette. Paris, Boucher-Lemaistre, février 1849, in-8° de 32 p. Extrait de *la Revue Catholique*, du 15 février 1849.

C'est une sorte d'analyse des *Mémoires d'un Contemporain*, qui en reproduit, en en forçant même le ton, les assertions hasardées, les citations tronquées, les bévues grossières.

M. de la Salette avait été rédacteur de *La Voix de l'Eglise*, organe plus ou moins explicite des prétentions de Richemont ; puis de *la Revue Catholique* qui venait de lui fermer ses colonnes ; il se proposait de fonder le *Rénovateur, Revue de la Rénovation sociale politique, religieuse, scientifique et littéraire*, dès qu'il aurait réuni cent abonnés à 10 fr. L'abbé Mathieu, aumônier de l'hospice La Rochefoucauld à Montrouge, était son collaborateur.

La Vérité sur le fils de Louis XVI connu sous le nom de M. l'Ex-baron Richemont, etc. Grenoble, Baratier, 1849, in-8° de 54 p.

L'objet principal de cette petite brochure est de faire à Richemont l'application des prophéties du Religieux d'Orval, désavouées, on le sait, par l'évêque de Verdun.

Appel à l'opinion publique sur la conduite de certains hommes et de certains journaux envers l'ex-baron de Richemont, depuis son voyage de Gaëte. Paris, Boucher-Lemaistre, 1849, in-12 de 23 p.

Niaiseries. Un certain Dr Noyer et un certain curé, Royannez, s'extasient sur la facilité avec laquelle Richemont aurait, à Gaëte, obtenu une audience du Saint Père ; il a même poussé la condescendance jusqu'à intercéder pour leur en faire obtenir une pour eux-mêmes ; mais ils ne savent rien de ce qui s'est passé entre le Pape et lui.

Cette brochure est une reponse indirecte aux articles de l'*Univers* (5, 14, 15, 19, mai 1849), qui avait dit et maintenu, avec toute vérité, contre Richemont, que c'était comme simple particulier qu'il avait obtenu son audience.

Extrait de la Revue Catholique du 15 mars 1849, contenant des Lettres sur l'ex-Baron de Richemont, la relation de son voyage à Naples et à Gaëte et la copie de la demande en réclamation d'Etat civil dument enregistrée et qui a été déposée au parquet du Procureur de la République, à Paris, le 27 mars 1849. Paris, Lacour, avril 1849, in-8° de 15 p.

A la suite, quelques extraits de journaux en l'honneur des *Mémoires d'un Contemporain*, recueillis par de la Salette, pagination distincte, 8 p. in-8°.

[1] Notamment *la Voix de l'Église* in-8°, juin 1846 à mai 1848). Organe timide et réservé.

La Revue Catholique. Ce journal que dirigeait l'abbé Migne 1848 et 1849, in-8°) ayant eu le malheur d'ouvrir ses pages aux lettres de M. de La Salette, un de ses rédacteurs, en faveur de Richemont, tout en faisant de grandes réserves sur le fond de la question, fut bientôt envahi, non seulement par les tenants de Richemont, mais par ceux de Naündorff et de Vintras, qui en firent un champ de combat.

L'Inflexible, Journal des Intérêts de tous : Ch. Peynaud, rédacteur-

6

Ils échangeaient entre eux les récriminations les plus injurieu·
ses. Ils s'accusaient muturellement d'usurpation et d'escroquerie.
Naündorff, aux yeux de Richemont, n'était qu'un misérable intri-
gant soudoyé par la police de Louis-Philippe ; Richemont, à ceux
de Naündorff, « un agent de Goritz [1]. » Naündorff déclarait que
« toutes les pièces invoquées par Richemont étaient fausses, et
le défiait d'en produire une seule aux mains des magistrats ; »
que, « ses *Mémoires* étaient farcis de fables, de niaiseries, de plati-
tudes, indignes du fils d'un monarque et même de tout récla-
mant... ; que Richemont n'était qu'un escroc [2]. » Tous deux
avaient raison.

Leurs systèmes, au fond, se ressemblent. Il y a même entre
eux émulation et une sorte de renchérissement dans l'emploi
de certains moyens. C'est à qui prodiguera aux Bourbons de la
Branche aînée comme de la Branche cadette, les injures les
plus grossières [3]. C'est à qui — comme autrefois certains auteurs

gérant (in 4⁰ et in-fol., 28 octobre 1849 au 1ᵉʳ décembre 1851, 52 nᵒˢ). Parmi
les rédacteurs de cette feuille fort peu sérieuse, nous voyons Pascal, Noyer,
Suvigny, Mathieu, Aubry, etc., et plusieurs prêtres. Elle publiait de temps
en temps des vers en l'honneur de son idole. Elle soutint de vives polémique contre l'*Univers* (août et septembre 1850). (Hatin, *Bibliographie de
la Presse française*.)

1 *Voix d'un Proscrit.*
2 Sauquaire-Souligné, *Voix d'un Proscrit* p. 195.
3 Échantillons de ces aménités royales :
Les *Légitimistes* accusés de patronner « les fraudes, les injustices, les
usurpations et tous les autres attentats qu'on peut commettre à l'ombre ou
impunément. » (Claravali, p. 520.)
Louis Philippe « couvert de tous les crimes ; voleur des diamants de
Marie Antoinette ; assassin du duc de Bourbon ; empoisonneur de Martin..., »
etc. (Le même, p. 317, 424.)
Louis XVIII convaincu d'une foule d'assassinats et d'avoir écrit à Robespierre, son correspondant et son agent ; « vous avez, il est vrai, détruit le
soliveau ; mais il reste encore beaucoup à faire, et tant que le bâtard exis-
tera, il n'y aura rien de fait. » (Claravali, p. 146.)
« Louis XVIII eut la capacité de tous les crimes, la bassesse de toutes
les hypocrisies, la perfidie de toutes les corruptions et offre le type d'un
caractère de scélératesse dont l'histoire n'offre pas d'exemple. » (*Intrigues
dévoilées*, t. I, p. 650.)
La duchesse d'Angoulême : « Femme sans cœur, fille sans respect pour
la mémoire de ses augustes parents, sœur dénaturée, spoliatrice éhontée des
biens de l'orphelin, oublieuse du compagnon de ta captivité au Temple et
félonne à ton roi légitime !.. » (*Intrigues dévoilées*, t. I, p. 33.)
« La *sainte* duchesse d'Angoulême vivant dans un état public d'impé-
nitence, de spoliation du bien d'autrui, d'oubli de ses devoirs, de complicité

dramatiques, en rivalité sur le nombre de portiers étouffés
à la porte des théâtres, les jours où l'on jouait leurs pièces — ins-
crira à son bilan la liste la plus noire d'assassinats et d'empoi-
sonnements commis par ses ennemis, pour arriver à le perdre.
Richemont cite avec orgueil, parmi les martyrs de sa cause,
Desault, Ojardias, Pichegru, Frotté, le duc d'Enghien, l'abbé de
Tourzel, Joséphine, Fualdès, Caron, le duc de Bourbon, Martin
(de Gallardon) ; Naündorff y ajoute Pezold et quelques autres.

Tous deux lancent en avant les assertions les plus auda-
cieuses, sans l'ombre d'une preuve à l'appui, invoquent avec un
égal aplomb l'autorité des morts qui ne peuvent leur répondre,
parfois aussi celle des vivants, sauf à recevoir des démentis
humiliants qui ne les empêchent pas de recommencer [1]; tous
deux, mais surtout Naündorff, dont les défenseurs, anciens lé-
gistes, sont plus fureteurs, plus pointilleux, citent comme des
autorités historiques, comme des autobiographies authentiques,
tous les mémoires saugrenus composés par La Mothe-Langon et par Touchard-Lafosse, sous le nom des Souverains et des
grands personnages contemporains ; tous deux ont un égal
besoin d'associer le merveilleux religieux au merveilleux politique. Hébert l'incrédule, le combattant de Juillet, le Franc-
Maçon, est protégé spécialement par la très sainte Vierge ; il a

permanente avec tous les criminels proscripteurs de son frère. » (*Non !
Louis XVII n'est pas mort au Temple*, p. 155.)

« La déconsidération publique qui commence à vous assiéger, le mépris
d'une foule d'hommes de cœur qui furent vos amis et vos serviteurs politiques... l'opprobre qui s'attachera à votre mémoire et plus que tout, le remords qui empoisonne déjà vos jours, le remords, cancer dévorant, châtiment
anticipé des coupables... vous réservent à l'une de ces hontes sous le fardeau desquelles il ne reste plus qu'à se voiler la tête et à attendre la
mort... » (Gozzoli, dans *la Voix d'un Proscrit*, p. 73.)

La Duchesse d'Angoulême, enfin, et le comte de Chambord accusés tous
les deux d'avoir voulu faire assassiner Naündorff : « Sa sœur a peut-être
donné elle-même l'ordre d'entourer sa maison d'assassins ; le parti de
Goritz poursuit avec fureur l'existence du malheureux prince... Les misérables sicaires dévoués à commettre ce crime pour un peu d'or sont tous
Français ; c'est vraiment une honte pour notre nation... » (Gozzoli, *Voix
d'un Proscrit*, p. 81 et 269.)

[1] Citons seulement, parmi les personnes qui ont été dans la nécessité de
démentir ainsi l'abus qu'on s'était permis de faire de leurs noms, le général
Auguste de la Rochejaquelein, la comtesse de Falloux douairière, Fran-
chet, ancien directeur de la police, les héritiers du chancelier Dambray, de
l'illustre de Sèze, etc., etc.. etc.

des révélations célestes, des colloques avec les Anges [1] ; il renouvelle le miracle de la Légion thébaine [2]. Naündorff ne reste pas en retour. Lui aussi est en communication directe avec le ciel, et, sous la dictée des Anges, il finira par écrire un évangile nouveau ! Nous n'exagérons point, et toutes ces sottises, ces diatribes contre ce qu'il y a de plus respectable dans la royauté légitime, ces dérisions de la religion, ces attaques violentes contre elle, ce ne sont pas seulement MM. Louis Blanc, Jules Favre et leur suite qui s'en feront les complaisants ou les complices: ce sont surtout des gens comme l'abbé Tharin, ayant l'incroyable prétention de raffiner l'orthodoxie monarchique et religieuse, d'une intolérance égale à leur ignorance ; comblés, quelques-uns, des bienfaits de la branche aînée.

Quels bons rires auraient dû échanger entr'eux ces deux hommes, en se rencontrant sur le boulevard, à moins qu'ils n'eussent échangé des gourmades !

Constatons encore, de leur part à tous deux, le même système d'attaques judiciaires, qui n'étaient qu'une spéculation sur le scandale et une réclame contre les Bourbons. Hébert, toutefois, ne fit que suivre Naündorff dans cette voie, et avec une certaine timidité. Ce n'est qu'en 1849 qu'il se décida à intenter à la duchesse d'Angoulême une action à laquelle il ne donna pas suite. Il voulait lui arracher sa part de l'héritage commun, qu'elle avait seule recueilli, tout en se bornant à demander, tout d'abord, la reconnaissance de son état civil [3].

Hébert nous racontera, d'ailleurs, lui-même et à sa manière, l'emploi de son temps depuis son évasion jusqu'à l'amnistie du 27 avril 1840, qui l'affranchit bien des conséquences de sa condamnation, mais en laissant peser sur lui la possibilité d'une expulsion ; depuis cette amnistie jusqu'à la Révolution de 1848 et même jusqu'en 1850, époque où il lança un gros et l'on peut

[1] Claravali, p. 159, 173.
[2] Le même, p. 163.
[3] L'assignation devant le tribunal de la Seine est du 27 mai. Elle a pour objet de faire juger, non pas qu'il est Louis XVII, mais « Louis Charles de « France et duc de Normandie, né à Versailles, etc. de feu Louis Auguste, « Roi de France et de Navarre, et de feue dame Marie-Antoinette-Josèphe « Jeanne, archiduchesse d'Autriche, reine de France et de Navarre, son « épouse, et qu'il sera rétabli dans tous les droits et actions résultant pour « lui de son acte de naissance et de la filiation ci-dessus indiqués. »

dire dernier volume. Naündorff, dont la fortune avait un moment éclipsé la sienne, était mort, abandonné de la plupart des siens, mais sa propre étoile pâlissait. Il le voyait sans doute, et il hasarda une dernière partie. Ce volume contient le roman de sa vie dont nous venons de retracer l'histoire. Force nous est de l'analyser et de revenir ainsi sur nos pas ; mais ce volume fut un événement dans la vie de Richemont dont il acheva de ruiner le crédit déjà bien ébranlé. Il donne sa mesure et celle de ses partisans. Voyons donc le Prétendant raconté et jugé par lui-même.

La Vie de Mgr le duc de Normandie, fils de Louis XVI et de Marie-Antoinette, roi et reine de France, que la Révolution fit orphelin en 1793, et qu'elle raya du nombre des vivants en 1795, par M. L. Esp. J. J. Claravali del Curso [1], est un méchant roman dans le goût de l'*Infortuné Napolitain* ou de la *Vie de Cagliostro*.

C'est un salmigondis de voyages, d'aventures, de miracles même, plus invraisemblables et plus ridicules les uns que les autres. Aux mystères dans lesquels ils enveloppent leur héros, l'auteur ou les auteurs ont ajouté, pour augmenter l'effet, ceux de l'affaire Fualdès et de l'affaire Martin (de Gallardon).

Essayons pourtant d'analyser cet imbroglio.

Le héros, caché dans un paquet de linge sale, est enlevé du Temple le 19 janvier 1794, jour fixé pour le départ des époux Simon, par Ojardias. Ojardias a pour complice la femme Simon, et — révélation nouvelle ! — Simon lui-même Un enfant, muet et souffrant, introduit dans le corps d'un cheval de bois, est laissé à sa place [2]. Frotté,

---

[1] Vol. in-8°, Paris et Lyon, 1850, avec un portrait qui n'a absolument rien de Bourbonnien. — *Quid* Claravali del Curso ?

[2] Il est à noter que, dans les *Mémoires* (1831), la date de l'enlèvement était rapprochée de la mort de l'enfant substitué (8 juin 1795) et de celle de Desault (1er juin). Mais on s'aperçut bientôt que les Simon n'étaient plus à ce moment au Temple. Ils l'avaient quitté en janvier 1794, et n'avaient donc pu se prêter à l'enlèvement. Le duc de Normandie s'en tira en désavouant son livre et sa signature, absolument comme l'avait fait la Lamotte à propos des libelles orduriers contre Marie-Antoinette publiés sous son nom. Les variantes sont du reste trop nombreuses pour qu'on les puisse relever. Frotté et Ojardias, qui n'étaient pas nommés en 1831, apparaissent en 1850 comme les sauveurs du jeune prisonnier. Son séjour de « quelques semaines » auprès de Charette est devenu une résidence de près de dix-huit mois.

Voici, textuellement extraite des *Mémoires*, la description du cheval de bois, rival de celui de Troie, tellement ridicule, tellement absurde dans les

caché à Paris, sous le nom et avec les papiers d'un commis-voyageur
allemand, le reçoit en présence de Mme Beauharnais (Joséphine).
« Le même jour, Ojardias et le comte de Frotté, qui avaient tout
préparé d'avance, le font sortir de Paris en voiture et le conduisent
de suite dans les provinces de l'Ouest (la Bretagne et le Bas-Poitou),
où les persécutions de la faction qui gouvernait la France, se faisaient
moins sentir alors que partout ailleurs [1] (p. 114). »

Arrivé dans le Bocage, le jeune prince est reconnu par les chefs
Vendéens, rassemblés tout exprès à Beaupréau. Il préside même à un
service où retentissent en son honneur les cris de : *Vive Louis XVII* [2] !

En juin 1795, [3] le comte de Frotté le fait évader de France par la

---

détails qu'elle donne et les moyens périlleux autant qu'inutiles dont elle
suppose l'emploi, que le duc de Normandie et ses *teinturiers* n'ont plus osé
la reproduire :

« Je fus placé dans un autre cheval bien plus grand ; il était de bois
et artistement recouvert d'une véritable p. au de l'animal qu'il représentait ; on l'avait attaché à une grosse charrette, de manière à être supporté
par deux allonges en fer, cordées et peintes de la couleur des cordes ordinaires et fixées à la pointe des brancards, et directement devant le cheval
qui était attelé à la charrette même ; il avait devant lui deux autres chevaux, ce qui présentait un attelage de quatre de ces animaux, traînant une
voiture conduite par un homme en blouse, habitué à ce métier, et n'ayant
pour toute charge qu'un peu de paille. Ce cheval était aussi léger que l'avait
pu permettre sa grandeur; ses jambes un peu courtes et pliantes dans toutes
les jointures inférieures, ce qui facilitait la marche en cas de rencontre d'un
corps dur. Il était bien garni dans l'intérieur, et fourré de manière à éviter
les inconvénients des secousses de la charrette ; *sous sa longue queue* était
un soupirail qui avait été également pratiqué dans les oreilles, les narines et
aux quatre jambes pour faciliter la respiration (p. 32). »

[1] C'est le contraire qui est vrai. Jamais la Vendée n'avait été plus accablée,
plus dévastée par le fer et le feu, plus voisine de sa ruine totale. Les derniers
débris de la Grande Armée avaient été anéantis à Savenai le 23 décembre;
Noirmoutier repris par Haxo, le 3 janvier ; le 19 janvier, les colonnes infer-
nales de Turreau avaient commencé dans le pays insurgé leurs affreuses
promenades ; La Rochejacquelein allait tomber, quelques jours après, sous
la balle d'un soldat dont il épargnait la vie. S'il était un point de la France
d'où la prudence la plus vulgaire dût éloigner en pareil moment le jeune
Prétendant, c'était la Vendée.

[2] Que dans l'armée de Charette on ait crié : *Vive Louis XVII*, tant qu'on
lignora son décès, cela se comprend. Louis XVII était le roi légitime. C'est
la même ignorance qui faisait demander à la petite commune de Saint-
Tonent (Côtes du Nord), seule dans toute la France à rejeter l'acte constitutionnel, le fils de Capet pour roi (9 août 1795). Ce qui ne se comprendrait
pas, c'est que Charette eût proclamé, comme il le fit, Louis XVIII, s'il eût
eu Louis XVII à son camp. Les raisons tirées des dangers d'une régence
sont misérables.

[3] C'est-à-dire pendant la pacification signée à la Jaunaye, le 17 février 1795,
par Charette, et à Saint-Florent par Stofflet, le 2 mai suivant, au moment où

route du Nord, pendant qu'Ojardias, pour donner le change, se fait arrêter sur celle du Midi avec le jeune Morin de Guérivière, et le remet aux mains du prince de Condé.

Le prince de Condé et son Conseil, après avoir annoncé sa déli-vrance aux souverains armés pour sa cause, s'empressent, non pas de le proclamer roi, mais de proclamer Louis XVIII, le tout par inté-rêt pour l'héritier légitime.

Bientôt (fin de 1796) il le confie à Kléber, « chargé de lui donner une éducation noble, généreuse et libérale, et de lui enseigner, tant par son exemple que par ses leçons, les choses qui font les grands ca-pitaines, les hommes d'état habiles et les rois puissants, bons et magnanimes (p. 149). »

Le Dauphin, sous le nom de Louis, suit Kléber en Égypte en qua-lité d'aide de camp [1]. Au siège de Saint-Jean d'Acre, il sauve le corps d'armée, en invoquant le Dieu de saint Louis, comme Clovis avait gagné la bataille de Tolbiac en invoquant le Dieu de Clotilde, ou plutôt « comme la Légion Mélitine avait sauvé l'armée de Marc-Aurèle (p. 163) ! »

Kléber, à son tour, confie le Dauphin à Desaix [2], avec le secret de sa naissance.

Le jeune héros est blessé à Marengo, auprès de son protecteur qui,

---

la Vendée respirait et jouissait des premiers moments de calme et de liberté qu'elle eût connus depuis deux ans et demi, à la veille du jour où beaucoup de royalistes aveugles croyaient fermement que la Convention allait, en vertu des Articles secrets du traité de la Mabilais, soit remettre les orphelins du Temple entre les mains de leurs partisans, soit même proclamer la royauté !

[1] Aide de camp avant 15 ans, quelle impudence ! Pour apprécier le rôle du républicain Kléber dans une intrigue de ce genre, il n'y a qu'à relire ses biographies, notamment celle publiée par Lubert d'Héricourt (1801, in-8°. et surtout ses *Mémoires*.

Cet épisode romanesque du voyage de Louis XVII en Égypte a été mis en scène par M. Maurice Sand dans une nouvelle : *Mademoiselle de Cérignan*, publiée d'abord dans le journal le *Temps*, puis dans la *Bibliothèque contem-poraine* de Lévy (1 vol. in-12, 1875). La physionomie pâle, souffreteuse et craintive de l'enfant évadé et le dévouement des Cérignan père et fille qui l'accompagnent et veillent sur lui, y sont esquissés avec assez de délicatesse, mais, bientôt l'auteur s'égare et se perd lui-même dans un tourbillon d'aven-tures fantastiques, au bout desquelles il n'est même plus bien sûr de l'identité de son personnage. Madame Sand avait elle-même, paraît-il, songé à la pu-blication d'une étude sur Louis XVII, d'après les souvenirs de son aïeule, madame Aurore Dupin, et certains documents de famille. Il eût été difficile que, sous sa plume, la fiction n'usurpât sur la réalité (*Intermédiaire des Chercheurs et Curieux*, 1874, col. 251).

[2] Desaix est une intercalation de 1850. Stenay (*Louis XVII vengé*) nous fera bientôt de Richemont, à quinze ans, un « adjudant-général » de Desaix.

dans la prévision de son trépas prochain,lui avait donné une lettre de recommandation pour Fouché.

Il rentre secrètement en France en 1801, et il y est soutenu par des « visions », et « des voix célestes », contre le désespoir et contre les attaques des passions. Il repasse en Italie pour se soustraire aux conséquences d'une altercation avec Lucien Bonaparte, à propos de l'affaire Frotté.

Il revient en France, en 1802. Il y visite tour à tour aux *Incurables* la femme Simon, « presque folle de ravissement,» et qui « baise avec attendrissement » la cicatrice de la blessure que Simon lui avait faite,d'un coup de serviette, à coté de l'œil droit; —Lucien Bonaparte, « qui lui donne de bons conseils; » — l'incomparable « Joséphine, cet ange que le ciel avait prêté à la terre,» qui révèle la grande nouvelle à son époux, au moment du divorce, pour l'empêcher de contracter un nouveau mariage et tâcher de l'amener à abdiquer en faveur de Louis XVII; — et enfin Fouché lui-même. Fouché «lui recommande la plus grande circonspection dans sa conduite privée, » et lui témoigne « un dévouement sincère. »

Malgré ces recommandations, il se mêle imprudemment à la conspiration de Pichegru. Sa liberté et sa vie sont menacées. Il s'échappe de France, grâce à la protection de Joséphine et de Fouché.

En 1804, il est aux États-Unis. De là, il visite le Pérou, « les Incas de Marmontel à la main [1]; » le Paraguay, le Brésil, où le Régent du Royaume, don Juan, instruit de sa naissance, lui fait l'accueil le plus hospitalier.

Mais il avait laissé en Europe Tancrède — non pas le héros de la *Jérusalem délivrée*, mais un ancien secrétaire — et « voulant avoir de ses nouvelles à tout prix; » poussé, d'ailleurs « par une force irrésistible, » il fait voile pour l'Italie.

C'était vers 1810; il est arrêté, conduit au général Miollis,reconnu. « Par l'inspiration de l'Auguste Marie, » il demande à être conduit à Fouché, qui le gronde doucement,et lui donne des nouvelles de son cher Tancrède, avec lequel il retourne au Brésil : dénoûment aussi satisfaisant qu'imprévu.

Don Juan l'y reçoit avec la même générosité. Le Dauphin perfectionne à sa cour son éducation ; « il manifeste une prédilection marquée pour les ouvrages de Bossuet, de Massillon, de Bourdaloue, de Boileau et du bon Lafontaine; » ce qui ne l'empêche pas d'aller à Goa combattre en héros une rébellion et de l'apaiser en sage.

Voyages à Ceylan, Calcutta, dans le royaume de Siam,l'Océanie et les Indes.

[1] C'est là une naïveté de génie.

Retour au Brésil, en 1814, et du Brésil en France, où les Bourbons venaient d'être restaurés Il affirme qu'un article secret, dans les traités de 1814 et 1815, réserva ses droits [1].

Fouché, qui le croyait mort, est d'abord contrarié de sa présence. Toutefois, il le conduit chez le prince de Condé, qui le reconnaît du premier coup et lui ouvre les bras. La duchesse douairière d'Orléans va lui témoigner aussi la plus tendre affection, et lui donnera des marques non équivoques de son généreux dévouement.

Louis XVIII résiste. Il n'est pas disposé à céder la couronne. « Le prince de Condé, justement irrité de voir tant de bassesse, de fourberie et de scélératesse dans un parent qui devait être le protecteur naturel de l'auguste orphelin, voulait faire un éclat, reconnaître ostensiblement le fils de Louis XVI, et le proclamer roi de France, à la face de l'Europe... Le Dauphin s'y opposa, dans la crainte de fournir un prétexte à la guerre civile, et peut-être de contribuer à une troisième invasion qui aurait amené le partage de sa malheureuse patrie... Il ajouta qu'au besoin il lui défendait de passer outre... Il aima mieux se retirer sur le sol étranger et se vouer à toutes les misères, que de demeurer dans le lieu qui l'avait vu naître, où la fureur et la haine de ses cruels ennemis ne manqueraient pas de l'atteindre. » O Altitudo !

Auparavant, toutefois, il a, par surprise, avec la duchesse d'Angoulême, une entrevue ménagée par le prince de Condé et le duc de Berry. Émue d'abord, elle le repousse bientôt en disant qu'elle n'accueillera jamais l'ennemi de sa famille : allusion amère aux dénonciations de son frère contre leur mère, dans sa prison.

Il veut aussi confier au « vertueux » Fualdès, les lettres de don Juan, du prince de Condé et d'autres pièces importantes, et c'est la détention de ces pièces qui deviendra l'arrêt de mort de cet infortuné [2].

Errant de nouveau sur les chemins de l'exil, il visite successivement l'Écosse, l'Afrique, l'Égypte, la Palestine, Jérusalem, où il

[1] Labreli de Fontaine nous a donné le texte de cet Article.

[2] Nous avons eu occasion, il y a longtemps déjà, dans le tome II de la *Revue des questions historiques*, d'apprécier cette grotesque et odieuse évocation de Fualdès. Richemont et Naündorff se disputaient le triste honneur d'avoir été la cause de la mort de Fualdès et voulaient, chacun de son côté, en faire le confident de leurs secrets et le dépositaire de leurs papiers, deux versions qui s'excluaient nécessairement. Ces MM., tout en s'injuriant et en se reprochant mutuellement d'être soudoyés par la police, ne se faisaient nullement scrupule de s'emprunter respectivement leurs écrits, leurs arguments, leurs imaginations. Nous ne savons lequel des deux avait eu le premier l'idée d'exploiter à son profit l'assassinat de Fualdès. Ce que nous disions de l'incompatibilité du rôle prêté à ce malheureux avec ses antécédents politiques et religieux, de l'infamie qu'il y avait à accuser Louis XVIII de l'avoir fait périr — et par la main de pareils agents ! — et dans de telles circonstances ! — uniquement pour s'emparer des papiers de son neveu, — subsiste dans son entier.

perd son ami Tancrède, la Syrie, la Mecque, la Troade ; et plus
heureux que les archéologues les plus renommés de France, d'Allemagne et d'Angleterre, qui n'ont jamais rien pu y voir, « il y décou-
vre tout ce qu'Homère a décrit, l'emplacement de la ville, le Simoïs
et le Scamandre, le mont Ida, etc. ; » Constantinople, la Turquie,
la Grèce, l'Asie, les Indes, l'Océanie.

Il est en Italie en 1818 ; et, le 18 avril, arrêté sur la demande du
gouvernement français, dépouillé de ses papiers, il est incarcéré à Man-
toue, puis à Milan où il demeure captif durant sept ans et demi. «Pendant plus de deux ans, il ne prit pour toute et unique nourriture que
des œufs tantôt frais, tantôt cuits ; avalés crus, ils lui servaient tout
à la fois de nourriture et de boisson. Il ne touchait ni au pain ni aux
autres mets qu'on lui apportait ; il ne buvait aussi ni vin ni eau,
dans la crainte d'être empoisonné. Il restait sans feu comme sans
lumière (p. 255)... »

Il avait cependant trouvé moyen de correspondre du fond de sa
prison avec le duc de Berry. Par quel moyen? Il n'a pas jugé à propos de nous le révéler.

Il rencontre dans cette prison Andryane et Pellico [1].

Citoyen héroïque, il refuse au cardinal Pacca le jeune, émissaire
de l'empereur d'Autriche, qui lui offre à ce prix la liberté et la couronne de France, de ratifier les traités de 1814 et 1815.

Républicain — hélas, il l'est devenu! — « Républicain comme
Henri IV, Louis le Grand et Louis XVI [2] !... »

Ce sont ses opinions qui ont encouragé sa sœur à persister dans
son « lâche abandon. » Cependant s'étant déguisée sous un costume
populaire pour aller interroger la femme Simon aux *Incurables*, elle

---

[1] Les *Prisons* de Pellico donnent quelques particularités sur un prétendu
Louis XVII qu'il aurait en effet rencontré dans la prison de Milan. Dans le
procès du baron de Richemont, Andryane, entendu comme témoin, crut
reconnaître dans l'accusé, à l'exactitude de certains détails sur cette prison,
son ancien compagnon de captivité. On n'attacha pas d'importance à la
vérification de l'identité des deux personnages. Il est possible que Hébert
eût été, comme beaucoup d'autres, prisonnier à Milan, du gouvernement
Autrichien. Cela prouverait seulement qu'il avait commencé de bonne heure
à colporter son roman. Dans l'ouvrage que nous analysons, il conteste
« l'exactitude du récit de Pellico sur plusieurs points (p. 294). » Il est vrai
que Pellico ne se montre nullement convaincu de l'*authenticité* du prétendant qu'il a vu à Milan.

[2] « Louis XVI était un vrai républicain (p. 276).» Richemont s'adressait à
tous les partis. Dans sa première édition, il invoquait comme un titre d'honneur une tape que Napoléon, premier consul, lui aurait donnée sur la joue,
et protestait de ses vives sympathies pour le duc de Reichstadt (p. 52). Il
n'est pas jusqu'à la Maçonnerie où il ne cherchât des adhérents et de prétendus frères, témoin sa *Lettre au F.·. Dechevaux-Dumesnil.*

avait été reconnue par cette femme et avait appris de sa bouche que le Dauphin avait été enlevé et qu'elle l'avait revu depuis.

Louis XVIII, de son côté, laissera un testament par lequel il reconnaît son neveu et ses droits à la couronne ; mais ce testament disparaîtra « détruit par une courtisane du vieux Roi ou par un ministre, » et Charles X usurpera la couronne.

Cependant, le Dauphin a été mis en liberté par l'Autriche (octobre 1824). Il en profite pour visiter la maison de Guillaume Tell, « ainsi que les lieux témoins de ses hauts faits, afin de s'inspirer du génie de ce héros, ami du peuple et de la liberté (p. 300). »

Il se propose d'aller en Portugal retrouver don Juan.

La mort de ce protecteur l'arrête. Il reste à Rouen et s'y fait simple employé à la préfecture, « afin de se créer une occupation, et aussi pour s'initier un peu au mécanisme de l'administration publique » (p. 305) : modeste apprentissage de l'art de régner.

En 1827, il est à Paris sous le nom de colonel Gustave.

En 1828, il adresse, sous le nom de duc de Normandie, une pétition à la Chambre des Pairs pour se plaindre des persécutions dont il est l'objet. La Noble Chambre ne daigne pas la prendre en considération.

La Révolution de juillet éclate, vengeance tirée par le ciel lui-même des crimes des Bourbons. Dès le 2 août, il écrit à la duchesse d'Angoulème, en lui offrant son pardon, si elle l'aide à se faire reconnaître roi de France. Elle est sourde à son appel. Il proteste en vain contre l'usurpation de Louis-Philippe. Le duc de Bourbon seul reconnaît ses droits et se dispose à les faire valoir; il meurt étranglé.

Les nombreux écrits publiés par le Prince, quelques-uns renfermant des projets de constitution, n'aboutissent qu'à le faire arrêter.

Louis-Philippe alors s'empresse de lui offrir la main de sa fille Clémentine, moyennant une abdication en sa faveur. Naturellement, il refuse (p. 405).

Nous avons vu sa comparution devant la cour d'assises de la Seine, et sa condamnation.

Il se retire en disant : « Celui qui ne sait pas souffrir, n'est pas digne des honneurs de la persécution... »

« Belles paroles inspirées par la sagesse incréée dont il est l'image et le représentant!... »

« Défaite, aux yeux des témoins de cette ignoble comédie, l'équivalent du plus glorieux triomphe, puisqu'il a réussi à faire tomber toute la honte de l'accusation infâme dont il avait été l'objet, sur ceux-là mêmes qui s'étaient flattés de vouer le reste de ses jours à l'ignominie (p. 419).»

Il passe quelques années à l'étranger, puis rentre en France, à Lyon, où le Gouvernement instruit de sa présence, le laisse tranquille, à la condition qu'il ne bougera ni n'écrira dans les journaux. Il est compris dans l'amnistie du 27 avril 1840.

Il allait être reconnu par la duchesse d'Angoulême; elle avait nommé des commissaires enquêteurs pour recevoir les témoignages qu'il invoquait à l'appui de ses droits; M. de Blacas était gagné à la bonne cause; mais il meurt, et les espérances du Prétendant sont encore une fois déçues.

Louis-Philippe, « qui avait recours au magnétisme pour se diriger dans l'administration des affaires publiques, » lui fait offrir de le reconnaître pour le fils de Louis XVI, mais secrètement et à la condition qu'il lui remettra tous les titres et papiers qu'il possède ;» —nouveau refus (p. 451, 454).

On l'arrête alors pour rupture de ban (p. 483).

Il continue à publier des écrits, des mémoires justificatifs.

Dans ses courses, « il rencontre de nombreuses misères sur ses pas, et n'en laisse pas une seule sans la soulager (p. 478). »

Le prince de Condé, don Juan, régent du Brésil, et madame la duchesse douairière d'Orléans lui ont assuré plus de cent mille livres de rentes. « Son ange tutélaire (qui est sans doute un archange de premier ordre), présente sans cesse ses abondantes aumônes devant le trône de Dieu. »

Le 11 février 1848, « il prédit formellement la chute du trône de Juillet ; » — le 24 février, ce trône est renversé (p. 483).

Le 29, il envoie son adhésion au Gouvernement provisoire, qui ne lui en sait aucun gré (p. 485).

Le 25 mai, il adresse a l'Assemblée nationale une demande tendant à faire reconnaître ses droits. — Après six mois d'attente et de nombreuses réclamations, l'Assemblée nationale et le Gouvernement, qui, par les documents que les chancelleries mettent à leur disposition, en savent, sur la cause de M. le baron de Richemont, plus long que le baron lui-même, lui font déclarer « qu'ils sont parfaitement con-
« vaincus qu'il est le fils de Louis XVI... mais que son affaire n'étant
« pas une affaire d'État, ils ne lui répondront point officiellement ;
« que du reste, citoyen comme les autres, il peut s'adresser aux tri-
« bunaux et qu'ils ne s'y opposeront nullement (p. 495). »

En octobre 1848, le Pape lui envoie un émissaire « afin d'apprendre au fils de Louis XVI que si, à l'exemple du Christ, il est méconnu des siens, il occupe une large place dans l'estime et l'affection du père commun des fidèles (p. 496). »

Quelques jours après, à Gaëte, il est admis à baiser le pied du Pape, et de leur entrevue, restée secrète, « résulte quelque chose de bien grave et de bien satisfaisant pour l'un et pour l'autre (p. 502 [1].... »

[1] Cette entrevue de Gaëte devint l'occasion de réclames fort insigni-

La morale est facile à tirer de ce ramassis de fables ineptes ou odieuses ; Richemont est jugé.

Voici toutefois son portrait, tracé par lui-même ou par ses affidés : c est tout un. L'hyperbole, la flagornerie et le fétichisme ne sauraient aller plus loin :

« Prince magnanime, nouveau Charlemagne, héros éminemment français, à la haute capacité, aux vastes connaissances, au génie perçant... ; lumières extraordinaires... ; génie transcendant, intelligence de premier ordre (p. 493)..; nouveau Moyse (p. 425).., égal à Salomon (p. 498)..., comparable au Christ (p. 483). »

Trop coupable et trop malheureuse, la France méconnut son sauveur. L'appel désespéré de Richemont eut peu de succès. Suvigny, en 1851, publia encore un mémoire en sa faveur, qu'on ne remarqua point [1].

Richemont était rentré en France. Un de nos amis [2], qui le visita à cette époque, nous communique l'esquisse suivante de l'homme et de son logement : « Le personnage demeurait rue de Fleurus. La maison était de médiocre apparence. Le logement

---

fiantes et fort inconvenantes à la fois : personne n'avait assisté à la réception de Richemont par le saint Père.

[1] *La Restauration convaincue d'hypocrisie, de mensonge et d'usurpation, de complicité avec les souverains de la Sainte Alliance, ou Preuves de l'existence du fils de Louis XVI, réunies et discutées,* par J. Suvigny. Paris, au bureau de l'*Inflexible,* 1851, in-12, de VI-IV et 270 p.

Résumé méthodique et assez habile des preuves alléguées pour établir que Louis XVII n'est pas mort au Temple et qu'il n'est autre que Richemont.

Propos de la femme Simon, aux Incurables, rapportés par un abbé M., qui les aurait tenus des sœurs : « J'ai sauvé mon petit Louis ; il est vivant ; j'en suis sûre ; j'en mettrai ma tête sur le billot. Je lui ai épargné bien des maux et rendu de bien grands services. »

En 1816, deux jeunes gens entrèrent dans son cabinet et la reconnurent au couvre-pied étendu sur son lit. — Le même qu'elle avait au Temple plus de vingt ans auparavant et qu'elle aurait emporté et gardé à l'hôpital ! ! — C'est l'entrevue placée par la femme Simon en 1805, par Richemont en 1801. — Contradictions perpétuelles !

L'enfant aurait été enlevé le 19 janvier 1794 — le jour même du départ des époux Simon — dans un cheval de carton ; conduit en Vendée ; proclamé Roi à Beaupréau. Il y a des témoins — qu'on se garde de nommer — de cette reconnaissance.

Labreli et le baron Thierry sont toujours invoqués comme autorités décisives.

Au fond, rien de sérieux.

[2] M. de S., depuis député à l'Assemblée nationale et l'un de ses membres les plus distingués par la loyauté de ses sentiments et la pénétration de son esprit (Lettre du 14 juillet 1882).

était misérable : une petite chambre et une sorte de salon tendu de papier rouge, un vieux canapé et quelques méchants fauteuils. L'hôte princier en robe de chambre à ramage ; gros, boiteux, le nez bourgeonnant, la face rabelaisienne, le langage trivial et l'aspect le plus commun. Il m'a parlé du Brésil où il avait vécu longtemps, de l'Autriche où il avait été captif avec Silvio Pellico, des fers dont on l'avait chargé, etc., et je l'ai quitté emportant les plus magnifiques espérances pour le jour où il ceindrait la couronne, mais parfaitement convaincu qu'il n'était qu'un très vulgaire aventurier, et ne comprenant pas qu'il ait pu produire sur qui que ce fût la moindre impression... On allait jusqu'à lui trouver le type Bourbonnien très accusé. Cela ne m'a pas été possible. On m'a assuré que sa vie était peu régulière et qu'il fêtait Bacchus plus que de raison. Je crois qu'il était dans une grande gêne, surtout à la fin de sa vie... »

Richemont mourut le 10 août 1853, près de Villefranche [1]. On

[1] D'une apoplexie foudroyante, au château de Gleizé, chez la comtesse d'Apchier, dont le mari avait été page de Louis XVI.

L'acte de décès, rédigé sur la déclaration de M. de Nolhac, de Lyon, et du curé de la Paroisse, le qualifie ainsi : « Monsieur Louis Charles de France, natif de Versailles, rentier, demeurant à Paris, rue de Condé, n° 12, âgé de 68 ans, célibataire. »

Le 9 septembre, cet acte était *complété* sur la demande de MM. Pictet et Tranchard, propriétaires, demeurant à Lyon, et Foyatier sculpteur, demeurant à Paris, lesquels se bornaient à déclarer qu'il était à leur connaissance que M. Louis Charles de France, décédé au château de Vaux-Renard, le 10 août dernier, était habituellement porteur d'un acte de naissance délivré à Versailles sous le nom de Louis Charles de France, né à Versailles le 29 mars 1785, fils de Louis XVI et de Marie Antoinette, reine de France.

M. Nauroy qui publie le texte de ces actes (*Les Secrets des Bourbons*) fait observer avec raison que « ce dernier acte ne confère aucun droit, aucune identité au porteur, puisque les registres de l'état civil sont publics et que des extraits doivent être délivrés à toute réquisition (p. 124). »

On avait gravé sur la tombe du défunt, l'inscription suivante :

Ci-git
Louis Charles de France
né à Versailles le 27 mars 1785
mort à Gleizé le 10 août 1853.

En 1858, la police fit disparaître cette inscription qui fut ainsi remplacée :

1785
Nul ne dira sur ma tombe
Pauvre Louis
Que tu fus à plaindre !
Priez pour lui *.

* M. Nauroy, *ib.*

a dit que le Gouvernement impérial avait fait apposer les scellés sur ses papiers. Le nombre de ses fidèles avait beaucoup diminué. Il y en eut cependant quelques-uns qui lui rendirent un hommage posthume : couronne de papier doré déposée sur la tombe de cette royauté de baudruche [1]. Personne n'y fit attention. Tout le monde aujourd'hui reconnaît que Richemont n'était qu'un aventurier, et que sa cause ne valait pas mieux que celles d'Hervagault et de Bruneau.

[1] *Fils de Louis XVI. Rectification d'erreurs répandues dans les journaux, sur la mémoire de feu M. le baron de Richemont. Imprimée par suite de refus d'insertion* (Signé Suvigny, Foyatier et Pascal, janvier 1855). Paris, Lacour, in-8° de 3 p.

Opuscule insignifiant. Les journaux, à propos de l'attribution faite par le tribunal de la Seine de certains deniers provenant de la succession du Baron, avaient quelque peu raillé son rôle et rappelé ses mésaventures judiciaires et notamment sa condamnation pour banqueroute. « Il s'était sauvé pour n'être pas arrêté, » répondaient ses amis, ce qui n'implique pas une grande confiance dans la bonté de sa cause, ni un grand respect de son nom, quel qu'il fût.

Louis XVII vengé, ou le dernier mot de l'histoire sur le vrai Dauphin (Baron de Richemont), *d'après les documents authentiques et inédits*, par Victor de Stenay. Dépôt à Vendôme chez Collin la Herte, Décembre 1875, iv et 305 p in 12. Dédié à la mémoire de Richemont.

Ce Stenay avait publié précédemment : *Le Soleil et les Étoiles prophétiques, suivis de réponses aux éminents critiques des prophéties.*

Son nouveau livre est dépourvu de toute critique et rempli des assertions les plus téméraires. Il fait de Frotté l'agent direct de l'enlèvement, avec la complicité des époux Simon (19 janvier 1794). L'enfant substitué au Dauphin est le fils du baron de Tardif qui, dans son dévouement aux Bourbons, n'a pas hésité à le sacrifier. Cet enfant a trois ans de plus que le Dauphin : « yeux noirs, cheveux d'un faux chatain tirant sur le roux ; muet, maigre, chétif, scrofuleux et dans un triste état de santé (p. 36). Du sort du père, de sa résidence, pas un mot. Après avoir emmené l'enfant à Beaupréau et l'avoir fait proclamer solennellement, Frotté l'aurait lui-même conduit au prince de Condé en juin 1795, puis serait revenu en Normandie continuer la guerre (p. 54).

Il reprend toutes les légendes de Kléber, de Desaix, de Fualdès.

Stenay donne une bibliographie, incomplète, des publications concernant Richemont.

Il affirme que l'enfant exhumé près de la Tour du Temple aurait été *reconnu* pour le Dauphin *par le médecin*, sans nommer ce dernier ; que le crâne était scié... mensonges sur mensonges.

Il prétend, enfin, que Louis XVIII aurait lui-même corrigé et falsifié les *Mémoires* de Hue (p. 51).

Dernier et triste mot de cette longue polémique.

VI

NAÜNDORFF (1832).

Nous avons déjà vu les intrigues de Naündorff croiser celles de Richemont, et son crédit balancer, dépasser même celui de son rival. Comme Richemont, c'était un aventurier de la pire espèce ; mais il groupa autour de lui des partisans nombreux et fanatiques ; il disposa de moyens d'action considérables et qui dénotaient chez celui qui les avait réunis une certaine intelligence. Le succès finit par lui tourner la tête. Il s'enivra de la fumée de l'encens qu'on brûlait ou qu'il brûlait lui-même en son honneur. Plongé dans la débauche en même temps que dans les rêveries de l'illuminisme et de la thaumaturgie, il scandalisa les plus complaisants de ses partisans, découragea les plus fermes, les détacha de sa cause un à un, et finit par un isolement à peu près complet.

Il y a cette différence entre Richemont et Naündorff que l'origine du premier étant inconnue et certaines parties de sa vie mystérieuses, on ne pouvait opposer à sa revendication de la qualité de fils de Louis XVI, que l'absence de preuves de la moindre valeur, tandis que Naündorff avait un état civil régulier, qu'on le suivait pas à pas, à partir de 1810, dans les diverses phases de son existence, et qu'il lui fallait détruire, pour ainsi dire, sa propre personnalité, avant de s'en faire attribuer une autre.

Naündorff (Charles-Guillaume) était né à Postdam d'une famille juive. En 1810, il était horloger en bois, à Berlin. En 1812, il s'établissait à Spandau, y obtenait des lettres de bourgeoisie le 8 décembre, en qualité de sujet prussien, et s'y mariait en 1818. Dans son acte de mariage, il se déclarait protestant de la confession d'Augsbourg et âgé de quarante-trois ans, ce qui le fait naître en 1775, c'est-à-dire dix ans avant le Dauphin. S'étant plus tard établi à Brandenbourg, il y fit de mauvaises affaires. En 1824, il fut accusé d'incendie, et acquitté ; de fausse monnaie, et con-

damné de ce chef à trois ans de prison [1]. Dans les débats de cette
affaire, il persista à se dire né en 1775, et donna sur ses antécédents les renseignements les plus contradictoires, qui furent
tous reconnus mensongers. En fin de compte, il se donna comme
né à Paris de parents inconnus, enlevé par des personnes incon-
nues, transporté dans une contrée inconnue. Cela rendait toute
vérification impossible. Puis venaient des enlèvements succes-
sifs, des délivrances merveilleuses, la révélation qu'il était fils de
prince, des séjours en Amérique, dans les colonies anglaises et
en France, l'emprunt à tout hasard du nom de Naündorff, quelques
années de service sous les ordres du duc de Brunswick qui, sur
le vu de certains signes corporels qu'il portait, l'avait fait officier [2], la rencontre d'un véritable Naündorff qui lui avait cédé
son passe-port... Toutes ces imaginations n'avaient pu le soustraire à une condamnation. Gracié au bout de deux ans et interné
à Gossen, puis à Crossen, il y recommença ses histoires, et chercha à se faire passer, d'abord pour un fils de prince, puis pour
Louis XVII, avec les portraits duquel il se trouvait quelque ressemblance. Un avocat nommé Pezold [3] s'intéressa à lui et l'aida
même à publier ses *Mémoires* [4]. Mais Pezold mourut bientôt.
Naündorff n'a pas manqué de dire qu'il avait été empoisonné.

[1] Condamné à trois ans de prison « pour crime de fausse monnaie, » et
non, comme le prétend M. Nauroy (*Les Secrets*, p. 131), « pour s'être dit
Louis XVII; » Nous avons sous les yeux la copie certifiée d'un Rapport officiel sur les antécédents de Naündorff, fait par le Gouvernement prussien le
16 juin 1836 et communiqué au Parquet de la Seine, en 1851, à l'occasion
du procès des héritiers Naündorff contre les princes de Bourbon. Xavier
Laprade, un des avocats de Naündorff, en avait eu connaissance dès le
mois d'octobre 1836, mais il s'était bien gardé d'avouer le démenti absolu
qu'il donnait aux allégations de son client, et les défenseurs de Richemont ayant obtenu la même communication, s'en firent une arme sanglante
contre ceux de Naündorff (*Lettres de Morin de Guérivière à Gruau et à
Gozzoli*, 1841).

[2] Allégation qui fut démontrée fausse, et dont Naündorff dut reconnaitre
lui-même la fausseté.

[3] Dont ses partisans ont voulu faire un fonctionnaire éminent :
« individu dont on doit se défier sous tous les rapports », porte le Procès-
verbal.

[4] *Le Constitutionnel* du 27 août 1831, n° 239, contenait la note suivante :
« La *Gazette de Leipzig* publie dans ses annonces l'avis suivant, qui ne
laisse pas que d'être curieux :
« A Crossen, à peu de distance de Francfort-sur-l'Oder, réside, sous un
« nom supposé, le fils du roi Louis XVI, Louis-Charles, duc de Normandie,
« et après la mort de son frère aîné, Dauphin de France, etc.

7

Ces *Mémoires* durent en effet être imprimés à Leipzig en 1832, mais le gouvernement n'en autorisa pas la mise en vente.

Naündorff fut alors inquiété à raison du faux nom de Charles-Louis de France, dont il se parait. Il se sauva à Dresde, laissant sa famille dans l'indigence ; puis en Suisse.

En 1832, il arriva à Paris, sans un sou, et ne sachant pas un mot de français, lui qui serait resté jusqu'à huit ans dans le palais de Versailles, jusqu'à dix au Temple, jusqu'à vingt-cinq dans des prisons françaises [1] !

Les recommandations d'un M. Albouis, ancien magistrat, avec qui il avait correspondu, le mirent en relation avec diverses personnes qui avaient été attachées à la domesticité de l'ancienne Cour, notamment avec un M. Marco de Saint-Hilaire, sans doute le père ou le parent du romancier et ayant comme lui le goût de l'extraordinaire, avec un M. Morel de Saint-Didier, et avec une dame de Rombaud qui crut le reconnaître, parce qu'il reconnaissait lui-même un petit veston bleu ayant appartenu au Dauphin, qu'elle avait conservé comme une relique. Il se lia aussi avec un nommé Geoffroy, ancien notaire [2] qui, entre deux condamnations pour escroquerie, l'une à Poitiers, l'autre à Caen,

« Pour bien asseoir l'opinion sur son compte, il écrit l'histoire de sa vie, de ses souffrances. Forcé de la faire imprimer, il cherche un éditeur.

« Pour les conditions, on pourra s'adresser franc de port à son mandataire spécial, le commissaire de la justice Pezold, à Crossen. »

[1] Forcé de reconnaître l'exactitude des faits qui précèdent, il cherche à expliquer son serment de fidélité, les énonciations de son acte de mariage, sa condamnation pour fausse monnaie, par une intrigue politique dont les administrateurs, les pasteurs et les magistrats auraient été les instruments, alors que ces faits remontent à une époque bien antérieure à celle où il aurait révélé sa prétendue qualité.

Certains amateurs de merveilleux ont cru, sur la foi d'une anecdote plus que problématique, que Naündorff aurait reçu d'un de ses amis, ouvrier tapissier, qui les avait trouvés dans l'intérieur d'un vieux fauteuil qu'il était chargé de réparer et se les était appropriés, un portrait au crayon du Dauphin et plusieurs feuillets autographes d'instructions adressées par Louis XVI à son fils. Ce fauteuil aurait appartenu à Marie-Thérèse, aurait été transmis par elle à Marie-Antoinette, emporté par celle-ci au Temple, par Cléry en Angleterre ; il serait ensuite devenu la propriété du Régent, puis celle du duc de Cumberland, et finalement on l'aurait apporté à Berlin. L'odyssée des épaves trouvées dans ce fauteuil serait plus qu'étrange. Assurément, si Naündorff les avait eues en sa possession, il n'aurait pas manqué de les exhiber, en en cachant l'origine (*Moniteur Universel*, 20 décembre 1864).

[2] C'est ce même Geoffroy dont M. Jules Favre faisait si complaisamment « un savant modeste et obscur. »

ne dédaigna pas d'être un des ministres de ce souverain en expectative, et plus tard avec Gruau [1], ancien magistrat, qui devait être le plus loquace, le plus téméraire et même le plus fidèle de ses séïdes, car sa fidélité le suivit au delà du tombeau. Il est vrai que Gruau finit par devenir tout à fait fou, et par réclamer pour son propre compte les honneurs et les profits — singulièrement amoindris — de la royauté légitime.

La cour de Naündorff s'accrut rapidement. « L'homme qui, à l'en croire, en avait été réduit, pendant un certain temps, à vivre de fruits verts cueillis dans les champs, » eut une liste civile des plus opulentes.

« On n'estime pas, dit un biographe, à moins de quatre millions les sommes qui, en l'espace de quatre mois, furent remises à Naündorff. Ce fut un fermier de Saint-Arnoult, près Dourdan [2], nommé Noël Paquet, qui fut chargé d'apporter les fonds au Dauphin si miraculeusement retrouvé. Tous les samedis, Noël arrivait à Paris avec un énorme panier couvert, suspendu à son bras. Il en tirait les légumes les plus excellents, les fruits les plus beaux et les doubles louis les plus vieux qu'il fût possible de trouver. Un jour, nous l'avons vu, il

[1] Ce Gruau, qui ajouta à son nom celui de de la Barre et même le titre de comte, délivré par Naündorff, avait été procureur du Roi à Mayenne, où l'on se souvient encore de lui. C'était un homme d'un esprit tracassier, quinteux et exalté. Il s'était signalé par son zèle contre les menées de certains partisans des anciens Faux Dauphins. La Révolution de Juillet l'effraya beaucoup. Il se sauva en traversant la rivière à gué. Il fut destitué, et se fit avocat au Mans ; il perdit en quelques mois sa femme et son enfant ; son exaltation naturelle s'en accrut. L'assignation lancée par Naündorff contre la duchesse d'Angoulême lui parut sublime. Il ne comprenait pas — ce qui prouve qu'il avait gardé beaucoup d'illusions — qu'on pût faire un pareil procès sans avoir les mains pleines de titres et de preuves. Il se voua corps et âme à la cause de Naündorff. Il croyait même obéir en cela à une sorte de mission providentielle. « Heureux pour moi-même, dit-il quelque part (*Intrigues dévoilées*, t. III, p. 594), d'être l'appui d'adversités surhumaines…, je dus me considérer comme prédestiné à consacrer tout mon être à l'Orphelin royal délaissé, renié par tous, trahi par ceux qui se dirent ses amis tant qu'ils espérèrent son triomphe ! » Malheureusement, Gruau finit, non pas seulement par renier son maître, mais par vouloir usurper sa place ; malheureusement aussi, sa polémique est d'une *grossièreté*, d'une ignorance et même souvent d'une mauvaise foi qui tuent tout l'intérêt que son dévouement aurait pu inspirer.

[2] Le curé de Saint-Arnoult (l'abbé Appert), que son évêque dut interdire, était un fanatique de Naündorff.

pliait sous le fardeau ; son vaste panier contenait plusieurs centaines
de mille francs en or et en billets de banque [1]. »

Le vicomte Sosthènes de la Rochefoucauld-Doudeauville,
ancien aide de camp de Charles X, ancien directeur des Beaux-
Arts, se laissa plus qu'à moitié gagner par les menées des
agents de Naündorff. Il voulut le voir. Il paraît que celui-ci soutint la confrontation avec succès, et le grand seigneur le trouva
à la hauteur de son rôle princier. « Sa figure, son attitude, ses
paroles n'avaient rien qui portât au soupçon de l'imposture. Tout
au plus devait on le croire lui-même dans l'erreur sur son origine et dans la bonne foi de ses prétentions... Ses manières
étaient nobles et élevées [2]. »

Il essaya d'en savoir davantage. Il s'adressa au prince de Prusse,
qui démentit les assertions de Naündorff (lettre du 22 septembre 1833) ; il interrogea les souvenirs de la famille de Tourzel,
et il lui fut répondu que le Dauphin ne portait point sur la cuisse
cette empreinte d'une sorte de Saint-Esprit que Naündorff présentait comme une des marques de son identité ; il écrivit même,
à plusieurs reprises, à la duchesse d'Angoulême, dont ces inves-
tigations, si déguisées qu'elles fussent sous la forme du respect,
devaient singulièrement blesser tout à la fois la fierté et la sensibilité, et elle lui fit répondre par M. de Montbel, ces lignes,
très nobles, très justes, qui ressemblaient à un conseil ou à une
plainte : « La foi est respectable, même dans ses abus, mais les
personnes obligées par leur haute position à agir avec une sage
réserve, ne doivent pas encourager des croyances à des révélations de personnes sans discernement, et surtout à des assertions
renouvelées par quatre ou cinq individus qu'on doit reconnaître
pour des fripons (lettre du 28 avril 1836). »

Enfin Naündorff, après beaucoup d'ajournements, se décida à
remettre au vicomte de la Rochefoucauld le manuscrit de ses
Mémoires, qui devait achever de porter la conviction dans son
esprit. Ce fut le contraire qui arriva. Le Vicomte, n'osant s'en
fier à ses seules impressions, soumit le manuscrit à Eugène Janvier, avocat, à qui ses campagnes oratoires en faveur des Ven-

---

[1] *Illustration*, 30 août 1845 ; article curieux, bien qu'un peu romanesque.
[2] *Mémoires de M. le vicomte de la Rochefoucauld, aide de camp du Roi
Charles X.* Paris, 1837, 5 vol. in-8o, t. V, p. 121, 217.

déens de 1832, quoiqu'il ne fût pas de le: : bord, avaient fait une grande réputation dans le parti. Janvier, après un examen attentif, déclara que « cette histoire n'était qu'un tissu d'invraisemblances et presque d'extravagances, qui ne pouvait par conséquent inspirer aucune sécurité. » Le Vicomte, cette fois, se le tint pour dit . Il abjura toute croyance à Naündorff. Il apprenait en même temps qu'il y avait, en Angleterre seulement, trois Louis XVII [1], et il s'écriait tristement : « Quand s'arrêtera cette monomanie de Dauphins [2] ? »

M. de la Rochefoucauld, que nous avons vu condamner avec une si juste sévérité les menées, les faiblesses ou les aberrations de quelques-uns de ses amis politiques, aurait dû mieux se défendre lui-même [3].

La tactique de Naündorff, assez semblable à celle de Richemont, consistait à flatter les partis opposés. Pendant qu'il écrivait à l'empereur de Russie que « Henri V resterait roi de France ; qu'il l'était déjà par son droit à lui (Naündorff) et sa volonté ; qu'il le ferait sacrer à côté de lui [4], » il faisait toutes sortes d'avances à la démocratie.

On s'entretenait parmi ses fidèles d'une tentative d'assassinat dont il avait failli être victime, le 27 janvier 1834, sur la place du Carrousel, et qui ajoutait encore au dévouement qu'il leur inspirait. Par un véritable miracle, « une médaille (de la Sainte Vierge), transpercée, avait arrêté à une demi-ligne du cœur, un coup de poignard. »

---

[1] T. V, p. 186.

[2] N'a-t-on pas prétendu que Mgr de Forbin-Janson, tout à fait sous le charme, avait eu la pensée d'engager Naündorff dans les ordres et de le pousser à la papauté, quoiqu'il fût bien et dûment marié et père de six enfants ? (Art. de l'*Illustration*.)

[3] Sa défection irrita contre lui les partisans de Naündorf, et quelques années plus tard, à l'occasion d'une lettre où il attestait les sentiments patriotiques des Bourbons, ils essayèrent de le lui faire sentir. Ils publièrent : *Réponse à la Lettre de M. de La Rochefoucauld, duc de Doudeauville, publiée par la Gazette de France du 24 novembre dernier.* Paris, 2 décembre 1843, Pollet, 2 p. in-8°. Réclamation fort insignifiante en faveur du patriotisme de Louis XVII, dont M. de la Rochefoucauld n'avait point prononcé le nom. — [4] *Mémoires* de M. de la Rochefoucauld.

Il restait toutefois dans une sorte de pénombre, plus favorable à ses menées que le grand jour.

Il en sortit au moment du procès de Richemont devant la Cour d'assises de la Seine [1]. On sait quel rire homérique accueillit l'apparition à la barre de Morel de Saint-Didier, venant gravement, en habit noir et un grand pli cacheté de cire rouge à la main, réclamer pour Naündorff le titre de Louis XVII.

La réclamation donnait à Naündorff les prénoms de Charles-Louis, et Richemont fit très justement observer que le Dauphin portait ceux de Louis-Charles [2].

Après cet éclat, il fallait vivement frapper l'opinion. On croyait le moment favorable, la condamnation de Richemont ayant pu détacher de lui quelques-uns des croyants ; en quoi l'on se trompait.

On s'adressa donc aux Chambres qui ne s'émurent guères, et à l'Europe qui ne bougea pas [3].

[1] A MM. les Jurés appelés à juger le sieur Richemont, soi-disant duc de Normandie. Paris, Bacquenois, 1834, in-8o de 4 p.
Signé Charles-Louis, Duc de Normandie, et reproduit dans les journaux du temps.

[2] Il prétendit avoir été baptisé sous le nom de Charles-Louis; mais, à la mort de son frère aîné, le Roi, pour adoucir les regrets de la Reine, aurait dit : « Le Dauphin sera toujours Louis: » de là, l'interversion effectuée dans l'ordre de ses prénoms. Un pareil détail d'intérieur aurait eu assurément de l'intérêt ; mais il ne prouverait nullement que Naündorff fût véritablement le Dauphin, quelqu'un de l'entourage de la famille royale ayant pu le lui révéler. Malheureusement pour lui, ce détail était absolument faux. L'acte de baptême de Louis XVII, comme toutes les pièces, tous les documents postérieurs, l'appelle Louis-Charles.
Naündorff lui-même a semblé reconnaître l'erreur où il était tombé, en reprenant plus tard les prénoms de Louis-Charles. La découverte de l'acte de baptême, publié en fac-simile par M. de Beauchesne, ne lui permettait pas d'insister.
Remarquons que c'est dans le Cimetière de la Madeleine que Naündorff avait puisé cette altération des noms du Dauphin; il y figure, en effet, avec le prénom de Charles.

[3] Aux Chambres. A MM. les Présidents et membres composant la Chambre des Pairs de France et la Chambre des Députés des départements. Signé : Charles-Louis, duc de Normandie (18 décembre 1834), in-4o de 3 p. Parfaitement ridicule.
A la France et à l'Europe. Paris, Herhan, 1835, in-8o de 2 p.
Naündorff (qui signait Charles-Louis, duc de Normandie) annonçait dans cette pièce l'intention de se pourvoir devant les tribunaux en reconnaissance de sa qualité de fils de Louis XVI.

On multiplia les brochures, les livres [1] et les journaux [2] en faveur de Naünd⸱ ⸱ff.

L'intention annoncée par Naündorff, de saisir les Tribunaux de la question de son état-civil et de faire reconnaître judiciaire-

---

[1] *Existence du fils de Louis XVI, Charles-Louis, duc de Normandie* (signé M***, avocat). Paris, Herhan (1835) in-8° de 12 p. — Copie de Labreli.

Le véritable duc de Normandie, ou Réfutation de bien des impostures (par Bourbon-Leblanc). Paris, 1835, in-8° de 467 p. L'ouvrage devait avoir 4 vol. en livraisons ; il n'en a paru que les neuf premières.

Bourbon-Leblanc, né en 1775, est l'auteur ou l'éditeur d'une foule de publications sur le droit ou la politique, fort discordantes entre elles et tout à fait oubliées aujourd'hui (Quérard, *Littérature française contemporaine*). C'était, paraît-il, un Bourbon-Busset. Quérard (*France Littéraire, Supplém.*) se trompe en en faisant un sectateur de Richemont ; il s'était attaché à la fortune de Naündorff.

Il avait été le collaborateur de Touchard La Fosse ou d'autres compilateurs de même genre, pour la publication de leurs Mémoires pseudo-historiques, et il est assez piquant de le voir associé plus tard, à la solde de Naündorff, à la bande de faiseurs qui osèrent présenter ces *Mémoires comme authentiques*.

Il s'élève avec force contre les ambitieux aventuriers (dont son patron faisait partie). « La sensibilité les accueille, la crédulité les suit, et des écrivains de romans enrichissent la littérature d'une multitude de productions où l'anachronisme domine au milieu des plus bizarres contradictions. » Tout cela se retourne contre lui-même, trait pour trait.

Il a certainement raison quand il stigmatise les récits où Richemont se dérobe, en 1795, aux fureurs de Carrier, lequel était mort en 1794, où il se fait sacrer, en 1801, par le pape Pie VI, mort à Valence le 29 avril 1799.

Mais il commet lui-même les plus lourdes bévues. Il prétend que Beauchamp, dans son *Histoire de la guerre de la Vendée*, aurait reconnu l'existence des fameux Articles secrets, alors que Beauchamp l'a toujours combattue ; — il s'obstine à soutenir que Desault mourut le 4 juin, quand son acte de décès prouve d'une manière irréfragable qu'il succomba le 1er ; — il adopte les contes ridicules de Naündorff concernant la participation à l'enlèvement, de Joséphine « dont le cœur portait d'or à la piété d'azur, » de Frotté, de Pichegru, du duc de Bourbon, auxquels il adjoint en bloc Toulon, Ricard, Batz, Jarjayes, tous ceux dont le nom a été mêlé aux tentatives faites pour sauver la Reine, mais qui ne purent les renouveler en faveur de ses enfants, de Laurent dont il cite avec complaisance les lettres apocryphes, etc.

[2] Notamment *La Justice*, dont le Propectus-specimen fut publié le 8 mars 1835, in-fol. Ce journal, dont il ne parut que soixante-deux numéros, est excessivement rare. Hatin n'en a connu que le Prospectus (*Bibliographie de la Presse périodique*). Il eut pour principal rédacteur Bourbon-Leblanc.

La publication du journal *La Justice* ne laissa pas que d'occasionner certains désagréments à Naündorff. Un nommé Alexandre Thomas, ex rédacteur de ce journal, au début, l'assigna en police correctionnelle pour abus de confiance, mais comme il ne put établir que les sommes dont il se pré-

ment sa qualité, reçut même un commencement d'exécution par une assignation au vieux roi Charles X, au duc et à la duchesse d'Angoulême (13 juin 1836).

Le gouvernement s'émut. Il crut voir dans ces menées, rapprochées de celles de Richemont, un danger pour la paix publique. Naündorff était étranger. Il le fit arrêter et l'expulsa (15 juin, 16 juillet 1836).

Nous n'avons pas à discuter la légalité ni l'opportunité de ces mesures. Elles soulevèrent de la part de Naündorff et de ses adhérents de vives protestations, qui trouvèrent naturellement de l'écho dans la presse de l'opposition [1].

tendait frustré eussent servi au bénéfice de Naündorff, celui-ci fut renvoyé de la plainte. Il avait paru à l'audience, entouré d'une escorte de fidèles des deux sexes (Trib. correct. de la Seine, 23 février 1836 ; *Gaz. des Trib.*, 24). Cette affaire est travestie dans la brochure de Gruau : *Non! Louis XVII n'est pas mort* (p. xIV), et dans l'*Intermédiaire des Chercheurs et Curieux*, 1875, col. 426. On y suppose, en effet, que le Tribunal correctionnel aurait statué sur une question d'état civil ou d'usurpation de titre, tandis qu'il n'avait à se prononcer que sur une plainte en escroquerie. Naündorff, de son côté, avait assigné Thomas en diffamation, mais il retira sa plainte.

A.-F.-V. Thomas père, ex-inspecteur général de l'approvisionnement des combustibles de la ville de Paris, chevalier de la Légion d'honneur, revint à la charge dans un volume intitulé : *Naündorff, ou Mémoire à consulter sur l'intrigue du dernier des faux Louis XVII*, *suivi des jugements et condamnations d'Ervagault sous le Consulat, de Mathurin Bruneau sous la Restauration et du baron de Richemont sous le Gouvernement actuel.* (Paris, Dentu, in-8o de IV-333 p). Il y réfutait par d'assez bonnes raisons les prétentions de Naündorff, et discutait longuement ses torts envers son fils. Un des défenseurs de Richemont essaya de le réfuter, l'année suivante : *Réponse au pamphlet intitulé : « Mémoire à consulter de M. A. V. Thomas, »* par M. Ch. de Temper. Paris, Soupe et Guillois, 1837, in-8o de 70 p. Il y discutait — Richemont y étant intéressé autant que Naündorff — les preuves du décès de Louis XVII, mais sans apporter aucun élément nouveau au débat. Thomas fils eut un a   procès à soutenir contre les fournisseurs du journal *La Justice*, vis à vis desquels il s'était personnellement engagé (*Gaz. des Trib.*, 18 mai 1836). Indépendamment de 18,000 francs environ à lui remis par ou pour Naündorff, il prétendait avoir avancé près de 10,000 francs de son propre argent. C'était un M. de Bréon, beau-frère du duc des Cars, qui avait promis de fournir le cautionnement.

Ce Thomas ne doit pas être le même qu'Alexandre-Gérard Thomas, né à Paris en 1818, auteur d'une thèse qui fit sensation : *Une Province sous Louis XIV*, publiciste en France, puis à l'étranger après le Coup d'État du 2 décembre.

[1] *Lettre adressée à S. M. le Roi des Français par le duc de Normandie, et Protestation de ses avocats* (26-28 juin 1836). Paris, Poussielgue (s. d.), in-4o de 3 p.

Observations sommaires sur l'arrestation de M. de Naündorff, en instance devant le tribunal de la Seine pour être reconnu fils de Louis XVI.

Naündorff resta en Angleterre, et se fixa à Camberwell, près Londres.

C'est là, ce semble, qu'il mit la dernière main au récit de ses aventures, remanié et complété depuis qu'il avait été communiqué à Eugène Janvier, et que nous dégageons, aussi exactement que possible, des nombreuses publications qui en renferment les éléments dispersés. Il n'est ni moins romanesque ni moins absurde, par endroits, que celui de son rival.

sauvé du Temple, soumises à la magistrature par les membres présents du Conseil judiciaire préposé à sa défense (signé Gruau, Bourbon-Leblanc, Briquet). Paris, R. Croissant-Montmartre, 1836, in-8° de 14 p.

Question de légalité, à propos de l'extradition.

La Vie du véritable fils de Louis XVI, duc de Normandie, écrite par lui-même. Juillet 1836. Paris, Montmaur, 1836. in-8° de 47 p.

Pamphlet insignifiant. Il contient : 1° une protestation des membres du conseil judiciaire du Prince, Gruau, Briquet, Bourbon-Leblanc, Xavier-Laprade; 2° une très courte biographie du Prince (le commencement du moins, la suite ayant été saisie par la police; 3° des pièces justificatives, parmi lesquelles — sans qu'elles aient le moins du monde ce caractère — les lettres que Naündorff aurait écrites à la duchesse d'Angoulême pour lui demander une entrevue.

Motifs de conviction sur l'existence du duc de Normandie, par Gruau et Laprade. Paris, Vve Goullé, 1836, in-8° de 2 et 46 p.

Protestation de Gruau contre l'arrestation de Naündorff; dithyrambe de Laprade en l'honneur de ce personnage « image imparfaite de l'homme-Dieu. »

Le dernier Fils de Louis XVI, par A. Morel de Saint-Didier. Paris, Vve Goullet, 1836, in-8° de 126 p.

Oui, c'est le fils de Louis XVI, par A. Gozzoli (suivi d'une lettre adressée à S. M. le Roi des Français par le duc de Normandie et de protestations de ses avocats). Paris, les principaux libraires, Juillet 1836, in-8° de 52 p. Trois éditions au moins.

Violentes récriminations contre l'arrestation de Naündorff. Discussion de l'acte de décès du Dauphin.

Pétition à la Chambre des Pairs et à la Chambre des Députés, présentée en janvier 1837, par S. A. R. le duc de Normandie, connu sous le nom de Naündorff. Paris, Vve Goullé, in-8° de 30 p.

Plainte au sujet de l'arrestation et de l'extradition, par Gruau et Briquet : Requête au Conseil d'Etat par Crémieux, et Arrêt de rejet.

Abrégé de l'histoire des infortunes du Dauphin, depuis l'époque où il a été enlevé de la Tour du Temple, jusqu'au moment de son arrestation par le gouvernement de Louis-Philippe et de son expulsion en Angleterre; suivi de quelques documents à l'appui des faits racontés par le Prince et des incidents qui ont si péniblement traversé sa vie; avec son portrait et les fac-simile de son écriture, de celle de la Reine et de la signature de Louis XVI. Novembre 1838. Londres, Armand, s. d. in-8° de IV-XII-IV et 400 p.

Introduction signée par Gruau, Laprade et Briquet. Autre avant-propos signé par Appert, ancien curé de Saint-Arnoult. Tout le reste est de Gruau.

On lui avait substitué un mannequin apporté dans une corbeille
de blanchisseuse, « et dont le masque représentait très naturellement
sa figure, » et on l'avait enlevé lui-même dans cette corbeille.

Le mannequin avait été remplacé par un enfant muet, qu'on
avait tenté d'empoisonner et qu'auraient lui-même remplacé d'autres
enfants.

Cet enlèvement avait été préparé par les soins de Laurent, gardien du 29 juillet 1794 au 19 mars 1795, avec la coopération de
Joséphine, de Barras, de Hoche, de Frotté et de Pichegru [1].

On l'avait caché au quatrième étage de la Tour du Temple.

On lui avait recommandé — pourquoi ? — de jouer le rôle de muet.

De vieux meubles encombraient cet étage, et « l'on ne parvenait
à lui qu'en marchant à quatre pattes. »

Il était resté là pendant près d'un an. Il y avait passé sans feu
l'hiver de 1794 à 1795.

Portrait peu ressemblant. Fac-simile ayant pour objet d'établir une certaine
affinité entre l'écriture de la Reine et celle de Naündorff, affinité qui serait
toute factice et calculée pour surprendre la crédulité des bonnes gens capa-
bles de supposer que c'est la Reine qui avait elle-même donné des leçons
d'écriture au Dauphin, et que ces leçons, prises avant l'âge de huit ans, auraient imprimé à son écriture un caractère immuable après plus de 50 ans !
Saisi en France.
Cet ouvrage fut traduit en anglais :
*An abridged Account of the misfortunes of the Dauphin, fellowed by
some documents in support of the facts related by the Prince : with a sup-
plement, translated from the French,* by the hon. and. rev. C. C. Perceval...
London, Fraser, 1838, in-8°.
Ce Perceval fit hommage de sa traduction à Naündorff, qui s'en montra
très flatté (*En Politique point de justice*).
Plusieurs journaux anglais prirent naturellement fait et cause pour ce
livre — calcul ou fantaisie ? — notamment le *Fraser's Magazine*, janv.
1839 , le *Court and Lady's Magazine*, fév. 1839.
*Le dernier fils de France, ou le duc de Normandie, fils de Louis XVI et
de Marie-Antoinette,* par A. Solard. Yssengeaux, Venet, 1838, in-8° de 135 p.
L'auteur, qui se déclare « tout-à-fait désintéressé, » ne fait que rééditer le
prétendu Manifeste de Charette, le récit de Morin de Guérivière et autres
documents plus que suspects. La conclusion signée par Gruau (Londres,
21 janvier 1838), nous fait croire que l'opuscule est tout entier de lui.
*Le Véritable orphelin du Temple, vivant en 1839, ou preuves de l'existence
actuelle du fils de Louis XVI et de Marie-Antoinette,* par Emile Sauveur.
Lyon, chez l'éditeur, 1839, in-8 de 108 p.
Réchauffé des balourdises de Labreli et consorts.
« Dieu par un nouveau Christ a résolu de sauver le monde. »
Rare. L'exemplaire de la Bibliothèque nationale (Lⁿ 15087) est incomplet de la première feuille.
[1] Gruau leur adjoignait plus tard Thor de la Sonde, Charette, le marquis
de Bridge et le comte de Montmorin (*Intrigues dévoilées*, t. III).

Le 8 juin 1795, il en avait été tiré par le maçon Paulin qui l'avait placé, endormi avec de l'opium, dans le cercueil de l'enfant autopsié [1].

Pendant le trajet au cimetière, « on l'avait mis dans la caisse au fond de la voiture, dans un coffre qu'on y avait pratiqué, et pour laisser au cercueil la même pesanteur, on l'avait rempli de vieilles paperasses que l'on retira du coffre. »

On l'avait envoyé dans la Vendée, où il avait été caché dans le château d'un ami dévoué, Thor de la Sonde [2].

Il avait pour gouvernante une dame allemande qui ne lui parlait que l'allemand et qui passait pour sa mère.

Il avait été découvert et reconduit en prison.

Joséphine l'en avait fait évader une seconde fois. — Quand ? Comment ? On ne sait.

Conduit en Italie, il y avait été protégé par le pape Pie VI. Sa Gouvernante y avait épousé un ouvrier horloger.

On avait dirigé sur l'Amérique un enfant de son âge, pour dépister ses persécuteurs.

Lors de l'invasion de l'Italie par les Républicains français, ils avaient saisi le bâtiment qui l'emmenait en Angleterre.

Il avait été réemprisonné en France.

On avait voulu le forcer à se faire moine.

On lui avait fait subir une autre opération pour le défigurer.

En 1802, Joséphine l'avait encore délivré. — Et de trois !

1804, Louis XVIII avait dénoncé sa retraite à ses ennemis; il l'avait connue par Pichegru.

---

[1] Contradictions : ce serait le 4 juin que Paulin aurait sauvé le jeune Roi (*Non! Louis XVII n'est pas mort au Temple*, p. 131).

Autre : ce n'est pas le 8 juin, mais le 10 en réalité, qu'eut lieu l'enlèvement du cercueil et sa translation au cimetière.

[2] Qui donc a connu ce personnage ? Où place-t-on son château ?

Contradictions : Naundorff dit ici qu'il a été envoyé dans la Vendée et M. Jules Favre, devant la Cour de Paris, demandait à prouver qu'on l'avait vu à l'armée de Charette. Dans les *Intrigues dévoilées*, t. III, p. 352, on cite une lettre de lui du 15 décembre 1835, à l'abbé Laprade, où il dit : « Illustre Vendée qui protégeas mes premières années, avec quelle reconnaissance je pourrai te revoir ! » — Dans les *Intrigues,* t. III, on allègue au contraire que c'est Hervagault qui aurait été reconnu roi par l'armée vendéenne. — L'assignation de 1851 porte que « l'évasion est postérieure au Traité de la Jaunaye ; » or la date de ce traité est du 17 février 1795. Que devient donc le séjour pendant l'hiver dans les combles? Que deviennent surtout les prétendues lettres de Laurent, dont la première est du 7 novembre 1794 et la seconde du 5 février 1795, et qui toutes les deux présentent l'enlèvement et le recel comme déjà consommés ? La fausseté de ces lettres était démontrée par l'assignation elle-même.

Le Prince s'était réfugié à Ettenhein auprès du duc d'Enghien, sous la conduite du comte de Montmorin.

Il avait été découvert, ramené en France, jeté dans un cachot. « Il y était resté pendant quatre ans, sans voir le jour, sans que personne lui adressât jamais la parole, nourri au pain et à l'eau. »

En 1808, au moment de divorcer, Joséphine obtenait encore une fois sa mise en liberté. — Et de quatre !

1809. Il est à Francfort sur le Mein, avec Montmorin. Dans une rencontre avec les troupes françaises, il est blessé et fait prisonnier. « Bien providentiellement, on lui laisse sa redingotte, dans le collet de laquelle étaient cousus les documents qui établissaient ses droits et qualités de fils de Louis XVI. » Providentiellement aussi, il s'évade — cinquième évasion ! — et « après des vicissitudes inouies, il arrive, vers la fin de 1810, à Berlin, muni d'un passeport sous le nom de Karl Wilhelm Naündorff, que lui avait remis un voyageur bienveillant, pour lui faciliter l'entrée à Berlin. »

Là, il se détermine à exercer l'état d'horloger, « bien que ne le connaissant qu'imparfaitement. » N'ayant pas les papiers nécessaires pour se faire reconnaître bourgeois de la ville, « il se voit forcé de confier le secret de sa naissance à M. Lecoq, directeur général de la police du royaume, et il justifie de son identité avec le fils de Louis XVI, en lui communiquant une déclaration écrite et signée par le Roi et la Reine au Temple, scellée du cachet de son père, dans laquelle étaient consignés les signes particuliers que le Dauphin portait sur le corps. » Les papiers sont livrés à M. de Hardenberg, premier ministre, qui les confisque. En retour, on délivre au prince une patente d'horloger à Spandau sous les noms de Karl Wilhem Naündorff, portés sur son passeport...

Assez de ce roman invraisemblable jusqu'à l'impossible, jusqu'à l'absurde !

Naündorff ne négligeait, d'ailleurs, aucun moyen de correspondance avec ses fidèles restés en France.

La Voix d'un Proscrit était en France l'organe principal de ses intérêts. C'était une tribune ouverte à toutes les manifestations les plus chaleureuses et les plus aveugles en sa faveur, les plus violentes et les plus injurieuses contre ses adversaires en général, et contre les Bourbons en particulier. Gozzoli en était le principal rédacteur [1].

---

[1] *La Voix d'un Proscrit. Mémoire historique et judiciaire*, paraissant une fois par mois, rédigé par MM. A. Gozzoli; Gruau, avocat, ancien procureur du Roi; Morel de Saint-Didier; Xavier Laprade, avocat, etc. Paris, V° de

Elle se querellait avec le *Capitole*, organe de Louis-Napoléon, autre prétendant. Elle affectait de voir dans ce journal un allié de Richemont, ce qui n'était pas vrai ; Richemont et Napoléon n'avaient de commun que leur hostilité au gouvernement de Juillet. Il y eut même un procès en diffamation intenté au *Capitole*, mais qui n'eut pas de suite [1].

Naündorff, à l'imitation de Richemont, se disait désintéressé de toute ambition monarchique, et trouvait ainsi moyen de glaner quelques maigres sympathies dans la presse de l'opposition [2].

Bientôt une nouvelle tentative d'assassinat sur sa personne vint fort à propos réveiller l'attention publique et le zèle de ses fanatiques.

Un soir du mois de novembre 1838, dans son jardin, un coup de pistolet fut tiré sur lui à bout portant et le renversa, contusionné, mais non blessé. Ses vêtements seuls avaient souffert.

Cette seconde tentative trouva plus d'incrédules encore que la première. On ne put en découvrir l'auteur [3] ; on crut même reconnaître un pistolet ramassé sur le lieu de la lutte, pour un de ceux de Naündorff. La police cessa bientôt ses recherches [4]. Le *Times* et d'autres journaux firent gorge chaude de l'aventure.

Lacombe, 14 livraisons in-8°, allant de mars 1839 à avril 1840, et formant 447 p. Il y a de plus un Prospectus, daté du 28 février 1839, et dont il existe deux éditions de IV p. in 8° chacune, l'une chez Mme de Lacombe, l'autre chez Thomassin.

[1] *Mémoire présenté par M. Gruau de la Barre au soutien de la plainte en diffamation portée contre le gérant responsable du journal le « Capitole » (article du 29 mars 1839), par S. A. R. le duc de Normandie, connu sous le nom de Naündorff, et le dit Me Gruau.* Police correctionnelle, 6e chambre. Paris, Mme de Lacombe, 1840, in-4° de 264 p.

[2] *Démocratie pacifique*, 12 novembre 1840, etc.

[3] On avait d'abord désigné un réfugié français du nom de Rousselle, que Naündorff aurait secouru dans sa détresse ; c'était, paraît-il, un personnage imaginaire.

[4] *Intrigues dévoilées*, t. III, p. 826 et suiv.

Récit d'une tentative d'assassinat sur le duc de Normandie, signé JEAN-BAPTISTE LA PRADE, et commençant par ces mots : « Londres, 19 novembre 1838. Mon cher ami, je ne sais comment vous raconter... » Saint-Etienne, Boyer, s d., in-4 de 7 p.

Passages extraordinaires de la vie du duc de Normandie, Dauphin de France, qui a miraculeusement échappé des mains d'un assassin, à Camberwell, le vendredi 19 novembre 1838. Avec un nombre de preuves irréfragables, confirmatives des faits rapportés par le Prince, par Brian O' Neill. Nous ne connaissons cet opuscule que par l'indication qu'en donne Gruau (*Intrigues dévoilées*, t. III, p. 835).

Mais tous ces moyens s'usaient successivement; il fallait du nouveau.

Naündorff s'avisa alors de devenir prophète. Cela ne lui coûtait pas plus que de se faire roi de France et de Navarre. Avec un aplomb incroyable, après un premier Appel aux catholiques de France et d'Irlande, où il brûlait déjà ses vaisseaux[1], il promulgua la *Doctrine céleste*[2].

C'est un fatras mystique et à peu près inintelligible, mélange de protestantisme, d'illuminisme et d'humanitarisme, où Naündorff attaque violemment les Évangélistes, les Saints, la sainte Vierge, la Papauté, le Purgatoire, la Présence réelle et jusqu'à la divinité de Jésus-Christ ! Ce sont, comme il l'annonce, les Anges eux-mêmes qui lui ont révélé la véritable doctrine par livres, chapitres et versets. Il raconte aussi avec complaisance les rêves prophétiques, tout pleins de lièvres rouges, de chevaux noirs et de pigeonneaux blancs, où il a lu sa destinée. Ce serait

[1] *Aux Catholiques d'Angleterre et d'Irlande*. Londres, 24 octobre 1838, Armand, in-8° de VIII p.
Cet opuscule est signé de Jean-Baptiste Laprade, Prêtre, Président du Conseil; Appert, Prêtre, Assistant; Modeste Gruau, Coadjuteur; Charles-Louis, Duc de Normandie, Protecteur de l'Église Catholique-Évangélique. Ils déclarent solennellement « se séparer de la doctrine catholique romaine » (p. VII); ils nient formellement la divinité de Jésus-Christ, « leur frère et non pas leur Dieu (p. VI). »
« L'Ange du Seigneur m'a reparlé et m'a dit... » Ainsi débute Naündorff C'est l'Ange qui a lui-même directement et personnellement désigné les susdits pour remplir leurs fonctions de membres du Conseil de l'Église catholique-évangélique.
[2] *Doctrine céleste, ou l'Évangile de Notre Seigneur Jésus-Christ, dans toute sa pureté primitive, tel qu'il l'a prêché lui-même pendant sa carrière terrestre; révélé de nouveau par trois anges du Seigneur, et confirmé par Jésus-Christ lui-même, par la réprobation de l'Église romaine; avec toutes les preuves de son imposture contre la doctrine de Notre Sauveur. Publié par le fils de Louis XVI, Roi de France,* CHARLES-LOUIS, *Duc de Normandie.* 1839, in-12 de 467 p.
L'ouvrage est daté de Londres, mai 1839, et imprimé à Genève chez Gruaz.
Il y eut une autre édition in-12, faite en Angleterre.
Partie préliminaire de la Doctrine céleste de Notre Seigneur Jésus-Christ. Publiée par le fils de Louis XVI, Roi de France, Charles-Louis, Duc de Normandie. 1839, in-12 de 202 p.
Imprimé également à Genève chez Gruaz.
Cette *Partie préliminaire* n'a paru en réalité qu'après l'autre.
Naündorff, avec le concours de Roydor et de Laprade, avait préparé aussi une *Histoire de la Création*, qui n'a pas dû voir le jour (Gozzoli, *Aveu d'une erreur*, p. 18).

le délire de la superstition tout à la fois et de l'impiété, si ce n'était plutôt l'amorce grossière offerte à ceux qui croient trop et à ceux qui ne croient pas assez. Il y eut cependant des gens qui se disaient et se croyaient pieux, dévots même, entichés de ces sottises et tout prêts à y sacrifier le véritable Évangile et la véritable Église.

Tel était le cynisme de ces attaques que la justice s'émut, et qu'elle renvoya, devant les assises du Rhône, de Chabron fils et Vidal, libraires à Lyon, éditeurs du livre, sous l'accusation d'outrage à la religion catholique. Encore que Gruau et l'abbé Laprade réclamassent leur part de responsabilité et que Gruau fût venu défendre les acccusés, ils furent condamnés tous les deux à chacun trois mois de prison et 300 fr. d'amende (28 décembre) [1].

Quelques-uns des fidèles de Naündorff, notamment l'abbé J.-B. Laprade [2], se qualifiant de « ci-devant prêtre catholique romain », et Charles de Cosson [3] le suivirent pendant un certain temps dans cette triste voie.

Cette audace, toutefois, ne devait pas réussir à Naündorff. Il tomba de la hauteur de ses prétentions insensées. Un mortel, fût-il fils de Louis XVI, pouvait avoir les passions de l'humanité ; un messie, un révélateur devait être parfait. Naündorff ne l'était pas. « Son immoralité, les désordres de sa vie, ses habitudes et ses allures de faussaire..., son infamie, » — ce sont ses anciennes dupes qui parlent ainsi — leur ouvrirent les yeux, et ils se separèrent de lui avec éclat.

Gozzoli, ancien rédacteur en chef de la *Voix d'un Proscrit*,

---

[1] Compte rendu du procès dans *la Voix d'un Proscrit*, p. 336-351.

[2] *Voix d'un Proscrit*, p. 242. Laprade écrivait : « *L'Évangile pur de Jésus-Christ, dicté au Prince tel qu'il l'a prêché aux hommes sur la terre, sera prêché une seconde fois pour la régénération du monde par les disciplesque le Seigneur s'est choisis..* » (*Récit de la tentative d'assassinat.*)

[3] *Révélations sur les erreurs de l'Ancien Testament publiées par le Docteur Charles de Cosson*. Paris, Mme Delacombe, 1840, in-12.

Citation à toute la race Bourbonnienne et à tous les chefs de peuples sur la terre, pour venir assister, le jeudi 6 juin 1841, en la métropole de Paris, au témoignage rendu par le Saint Roi Martyr, en faveur du Dauphin son fils, Charles-Louis Duc de Normandie, connu sous le nom de Naündorff, donnée au nom du Très-Haut. Paris, Demonville, 1841, in-8° de 7 p.

Par Demonville, auteur de l'*Explication de l'Apocalypse...*, *de l'Exposé des Prédictions sur l'Avènement du Pontife Saint et du Monarque Fort, et du Vrai système du monde*.

Folie digne de ses aînées.

prit l'initiative, et fut suivi par la plupart de ses collaborateurs et des autres écrivains à la solde de Naündorff [1].

Par un reste d'aveuglement ou par respect humain, ils n'osèrent pas tout d'abord désavouer toutes leurs doctrines. Ils condamnaient l'immoralité du Prétendant, sans contester ses droits au trône.

[1] *Quelques mots aux anciens abonnés et lecteurs de la Voix d'un Proscrit*, par A. Gozzoli. Londres, 12 février 1841. — *Déclaration relative au personnage se prétendant duc de Normandie, fils de Louis XVI, connu sous le nom de Naündorff, résidant à Camberwell, près de Londres*, le 16 février 1841. Paris, Pollet, Soupe et Guillois, 1841, in-8º de 8 p.

Gozzoli déclare qu'il avait cru se dévouer à une infortune sacrée, à une cause noble et sainte ; « mais j'ai regardé de près celui que mes respects lointains élevaient sur un piédestal, et bientôt il ne m'a inspiré qu'un dégoût inexprimable. »

Déclaration relative au personnage se prétendant duc de Normndie, fils de Louis XVI, connu sous le nom de Naündorff, résidant à Londres. Paris, Poussielgue, in-4º de 3 p.

Signé par le Chev. A. de Cosson, Hugon-Roydor, J. B. Laprade, Charles de Cosson, Ch. de Jussac, Xavier Laprade, avocat, et A. Gozzoli.

Les signataires accusent Naündorff d'avoir simulé les deux assassinats dont il s'est prétendu victime, et lui demandent si la sainte Vierge, dont la protection miraculeuse l'avait couvert une première fois, a pu le couvrir encore, depuis qu'il l'a odieusement blasphémée.

« Qu'il soit le fils dégradé de Louis XVI, ou bien un criminel obscur comme l'ont considéré les tribunaux de Prusse, ou bien encore l'agent de quelque parti ténébreux, peu importe... »

Aveu d'une erreur, par A. Gozzoli, rédacteur-gérant de l'ex-journal mensuel *La Voix d'un Proscrit*. Boulogne-sur-Mer, Biblé, mai 1841, in-8º de 40 pages.

Cet opuscule, dont une traduction anglaise était annoncée comme devant paraître à Londres, est le coup de grâce à l'ancienne idole : « L'évidence nous accable. — Le jongleur religieux pour lequel rien n'est sacré ; le fourbe à qui les ruses déloyales sont familières, et pour qui tous les moyens sont bons ; l'ami perfide et cyniquement ingrat ; l'homme sans probité ; le père de famille, l'époux, le vieillard, vivant dans le désordre loin des siens, et s'abandonnant sans remords à la plus honteuse immoralité, tel fut l'être réel qui, se substituant au modèle de vertus touchantes que nous avions créé, s'offrit sans voile à nos regards (p. 4)... »

Les dissidents motivent leur défection sur les preuves nombreuses par eux acquises de l'immoralité de Naündorff, dont ils citent en effet des traits révoltants, de ses jongleries religieuses, où figure la distribution à ses adeptes de fleurs qu'il aurait rapportées directement du Paradis, de ses mensonges ; la *Doctrine céleste* et ses témérités sacrilèges ont fait le reste. Gruau et Dussurgey, restés seuls fidèles au prétendu Messie, avaient leur part des invectives lancées contre lui.

Ces brochures sont les plus curieuses peut-être de toutes celles qui furent publiées au sujet de Naündorff. On se demande seulement comment les signataires avaient été si longtemps à reconnaître ce qui pour eux était devenu l'évidence même.

Aussi furent-ils taxés d'inconséquence — et avec raison — d'un côté, par les adversaires de Naündorff qui auraient voulu une répudiation plus complète de ce « scapin [1], » et d'autre côté, par les rares fidèles qui ne voulaient pas rompre encore encore tout à fait avec lui [2] et qui trouvaient que les dissidents étaient trop sévères, après avoir été peut-être trop indulgents.

Plusieurs groupes s'étaient formés en France pour soutenir les intérêts de Naündorff. On y associait au sentimentalisme politique, le mysticisme religieux et même la fabrication des prophéties et des miracles. Ils côtoyaient les rêveries de la *Doctrine céleste*, sans les adopter entièrement.

Le principal de ces groupes prit le nom d'*Œuvre de la Miséricorde*, et fut dirigé par Vintras et par Geoffroy, ancien affidé de Naündorff, trop fins tous les deux pour être ses dupes [3].

[1] *Lettre à M. A. Gozzoli*, par Morin de Guérivière. Paris, Pollet, 1841, n-8° de 16 p.
Très dur pour Naündorff.
[2] *Douze petits chapitres à l'occasion d'une Nouvelle à la main qu'on publie, imprimée sous ce titre : Déclaration relative au personnage se prétendant Duc de Normandie, fils de Louis XVI, connu sous le nom de Naündorff, résidant à Londres*. Paris, Carpentier, 1841, in-8° de 16 p.
Par le Dr Le Cabel (Bourbon-Leblanc).
Sept chapitres en vers pour faire suite à « Douze petits chapitres » en prose, au sujet d'un certain ouvrage faussement attribué au Duc de Normandie, et intitulé : « Réflexions sur les erreurs de la Bible. » Montmartre, Worms, 1842, in 8° de 16 p.
[3] Vintras, né à Bayeux en 1807, ancien ouvrier tailleur, ancien colporteur, condamné à la prison pour détournement d'objets saisis, suspect de divers abus de confiance, était passé prophète, apôtre et presque Dieu. Il était en relation directe avec saint Joseph, l'Archange saint Michel, la sainte Vierge et Dieu lui-même, qui lui faisaient des révélations et lui avaient donné mission, sous le nom de *Sthrathanael*, de faire entendre la parole divine à ses frères et de les sauver en les rattachant à l'Œuvre de la Miséricorde. Il avait établi dans un petit Moulin à papier, à Tilly-sur-Seulles (Calvados), une véritable fabrique de miracles, pour lesquels il se servait d'hosties sanglantes et consacrées d'une façon particulière. Son principal acolyte était Geoffroy (Frère Jean), ancien notaire à Poitiers, condamné pour abus de confiance à deux mois de prison, devenu depuis archiviste des Deux-Sèvres et agent d'affaires Autour d'eux se groupaient des fanatiques, revêtus aussi de noms et de fonctions angéliques, médecins, avocats, prêtres, dentistes, etc. De nombreux affiliés (plus de deux mille, assure-t-on) sous la direction de septaines, composées chacune de sept individus, les gros bonnets de l'association, correspondaient avec lui et alimentaient l'état-major. Vintras publiait un journal ou Revue : *la Voix de la Septaine*. Il avait aussi promulgué, de son côté, la loi nouvelle dans un livre intitulé : *Opuscule sur des Communications annonçant l'Œuvre de la Miséricorde*, dicté par Dieu

8

Un abbé Nicod, curé de la Croix-Rousse à Lyon, chercha de son côté à former un autre groupe d'illuminés. Richemont et

lui-même, qui n'était qu'une paraphrase et souvent la copie textuelle de Massillon, de Lamartine et surtout de la sœur Emmerich. Dieu, comme on voit, ne se mettait guères en frais de composition! On y annonçait la conversion et l'avènement au trône, de Naündorff, dont on déplorait l'aveuglement présent sur les questions religieuses; « mais quand le Seigneur l'aurait changé, le vrai chrétien n'hésiterait point à répéter avec la voix céleste qu'entendit saint Pierre : *N'appelez point immonde ce que Dieu a sanctifié* (p. 9). » La justice se fâcha. Par jugement du tribunal de Caen, du 20 août 1842, confirmé sur appel le 22 novembre, Vintras fut condamné, pour abus de confiance et escroquerie, à cinq ans de prison ; Geoffroy, à deux ans pour escroquerie.

D'un autre côté, la doctrine de l'Œuvre fut condamnée sévèrement dans une Circulaire de l'évêque de Bayeux du 8 novembre 1841, et dans un Bref du Pape Grégoire XVI à l'archevêque de Tours, du 8 novembre 1843. On lit dans ce Bref : « Magno quidem cum animi nostri dolore ex pestiferis ipsis scriptis cognovimus scelestos hujus societatis homines mentitâ pietatis specie et captiosissimo sermonis genere in Christi gregem perditionis sectas introducere. Hanc ausu prorsùs temerario, atque sacrilego, transfigurantes se in apostolos Christi novam missionem divinitùs indictam sibi arrogant, commentarium fictumque Misericordiæ Opus annuntiant ut Christi ecclesia eorum operâ quodammodò reviviscat. »

Ce bref signalait encore et condamnait les affinités existant entre l'Œuvre de la Miséricorde et les tentatives religieuses « de cet homme perdu qui prend *faussement le nom de Duc de Normandie* : « Quæ impia istius societatis commenta atque deliria plenè congruunt cum mente illius perditi hominis *qui falsò se Normandiæ Ducem jactat*, quique a Catholicâ Ecclesiâ jam descivit, atque hujus Apostolicæ Sedis auctoritate spretâ, ambulans in abominationibus suis et loquens perversa, eosdem prorsùs execrabiles hujus societatis errores, sensus, consilia diversis modis variisque rationibus profitetur. »

La censure religieuse irrita moins les sectateurs de Naündorff que cette déclaration solennelle du Pape, qu'il prenait *faussement* le nom de Duc de Normandie (voir surtout les *Ecrits divers* par Napoléon Lemeneur).

Ils ne manquèrent pas de contester la compétence du Pape pour statuer sur une question de cette nature, oubliant que c'était sur une prétendue et fausse reconnaissance de Pie VI que la plupart des faux Dauphins avaient appuyé leurs droits. Ici du moins, la déclaration du Pape était nette et certaine. Même dans l'ordre politique, elle avait une grande portée.

Les dissidents ne s'étant point soumis et ayant continué l'exploitation de leur doctrine, avec une obstination violente, l'abbé Charvoz à leur tête, l'archevêque de Tours dut renouveler ces condamnations, le 25 novembre 1848 ; ce qui ne les arrêta pas davantage.

Une de leurs hérésies, plusieurs fois déjà condamnée par les Conciles, consistait à représenter l'homme comme *trinaire*, c'est-à-dire composé d'un ange déchu, d'une âme et d'un corps. L'humanité, suivant eux, avait été créée dans le ciel ; elle peuple tous les globes du firmament ; les âmes sont préexistantes à la naissance des corps (*Intrigues dévoilées*, t. II, p. 195-196).

L'*Œuvre de la Miséricorde* et ses mésaventures judiciaires ont donné lieu

Naündorff paraissent s'être partagé sa confiance [1]. Lui aussi fut condamné par l'autorité ecclésiastique; lui aussi refusa de se soumettre [2].

[1] *L'Avenir prochain de la France, entrevu dans les vrais principes de la société, de la liberté, de la souveraineté, soit populaire, soit nationale, et dans la révolution de 1789, ouvrage philosophique, politique et religieux,* par l'abbé T.-F. Nicod, curé de la Croix-Rousse. Lyon, Dumoulin, et Paris, Gaume frères, 1850, in-8° de 8 et 502 p.

[2] Lettre publiée dans le journal l'*Inflexible.*

à d'assez nombreuses publications, qui toutes se rattachent, indirectement du moins, à notre sujet :

La Croix de grâce. Paris, Pihan de la Forest, mars 1835, in 32 de 8 p.

Sorte de prélude aux rêveries de l'Œuvre, que ses adeptes faisaient d'ailleurs remonter à 1810 environ.

Opuscule sur des communications annonçant l'Œuvre de la Miséricorde. A la gloire du Père, du Fils et du Saint-Esprit et à la gloire de la Vierge immaculée, pure et sans tache, avec cette épigraphe : *Et renovabis faciem terræ.* 1841, s. l. (Paris) Locquin, in-8° de 71 p.

L'introduction signée A. M... a fait attribuer cet ouvrage à Antoine Madrolle, connu par l'exagération de ses doctrines royalistes et religieuses, et qui avait fini par se jeter dans la secte de Vintras (*Biographie Didot,* art. *Madrolle; — Littérature Française contemporaine; — Dictionnaire des Anonymes,* dern. édit.). Il nous paraît certain que l'abbé Charvoz, ancien curé de Mont-Louis, doit y avoir collaboré.

On cite aussi, parmi les prêtres qui prêtèrent à Vintras le concours de leur plume, l'abbé Maupied, de Dinan, que son remarquable savoir ne défendit pas contre certains entraînements.

Tribunal correctionnel de Caen. Le Prophète Pierre-Michel Vintras et joints. Prévention d'escroquerie et d'abus de confiance. Caen, Poisson, 1842, in-8°. Il y eut deux éditions ; la seconde, légèrement corrigée, a 62 p.

Affaire de Pierre-Michel Vintras et de Ferdinand Geoffroy. Cour royale de Caen. Chambre des Appels de Police correctionnelle. Audiences des 12, 21, 22 et 23 novembre 1842. Présidence de M. Pigeon de Saint-Pair. Caen, Poisson, in-8° de 26 p.

Cour royale de Caen. Audience des 21, 22 et 23 novembre 1842. Plaidoyer de M° Bayeux, pour Pierre-Michel Vintras, avec une analyse du plaidoyer de M° Blanche, pour M. Geoffroy père. Caen, Lesaulnier, 1842, in-8° de 66 p.

L'abbé Charvoz n'eut-il pas, dans ses *Prisons d'un Prophète* (1846), l'imprudence de présenter M° Bayeux comme un croyant de l'Œuvre? Tout le monde, à Caen, en admirant le tact et l'esprit avec lequel il avait défendu Vintras, savait quel était son sentiment intime sur la valeur religieuse et morale de son client. Quant à M° Bérard de Pontlieue (c'est-à-dire né à Pontlieue) c'était un pauvre halluciné.

Plaidoyer (non prononcé) *pour Pierre-Michel Vintras,* par M. Bérard (de Pontlieue), avocat du barreau de Paris. Caen, 1842, in-8°.

C'est moins une défense de Vintras, qu'un manifeste en faveur de Naün-

Retiré en Hollande, Naündorff s'y livra à d'autres spéculations
bien différentes. Il se fit artificier, prétendit avoir découvert un
système de projectiles de guerre supérieur à tous ceux connus

dorff, où Bérard, qui ne l'avait pas prononcé devant le tribunal, s'en est
dédommagé en le faisant imprimer tout au long.

Le *prophète Vintras et Charles Guillame Naündorff, duc de Normandie*,
par Barthélemy Pont, rédacteur en chef du *Haro de Caen*.

Publié dans ce journal, nos du 1 au 10 décembre 1842. Analyse bien faite du
plaidoyer qui précède, et réflexions piquantes sur les motifs, peu désintéressés,
qui auraient porté des sectateurs de Vintras et de Naündorff à faire cause
commune et à s'attacher d'accord à la fortune de ces deux imposteurs, quoiqu'ils ne se fissent aucune illusion sur la valeur de leur caractère ni de leur
cause.

*La Voix de la Septaine. A la Gloire du Père, du Fils et du Saint-Esprit,
et à la Gloire de la Vierge immaculée pure et sans tache*. Tilly-sur-Seules ;
Caen, imprimerie de Lesaulnier, s d. (1842-1843).

Ce recueil paraissait par livraisons in-8o. Les 18 premières forment un
volume de 768 p.; les 8 premières du t. II vont à la p. 356.

Note sur la couverture : « Ces saints avertissements sont transmis gra-
tuitement, et la charité en dictera l'usage à ceux auxquels ils parviendront. »

Ce recueil, très rare aujourd'hui, se compose principalement des *communications de l'Archange* à Sthrathanaël (Vintras), des *Révélations* célestes
au même, de sa *Correspondance* avec ses frères Theododael, Galhoraël, Aza-
raël, Tréphé, etc., avec sa femme, avec la *Septaine*. Dans son style prolixe et négligé, tout plein d'éjaculations mystiques et souvent ininteli-
gibles, il montre cependant de l'onction, de l'abondance et parfois une
chaleur communicative. L'abbé Charvoz doit avoir été le réviseur général de
l'œuvre. D'autres plumes autorisées se prêtaient aussi par pitié plutôt que
par sympathie, à ce travail de correction si pénible. Des dissertations sur
la Vierge immaculée, sur les censures prononcées par l'évêque de
Bayeux et la défense des Miracles de Tilly remplissent le reste de ces pages.
A peine çà et là quelques insinuations en faveur de Naündorff, mêlées de
blâme pour ses idées religieuses.

Les Prisons d'un Prophète actuel poursuivi par tous les pouvoirs, par
M. La Paraz (l'abbé Charvoz). Caen, Woinez, 1846, in-12 de 342 p.

Récriminations d'un mielleux-amer contre les censures ecclésiastiques
et contre les condamnations correctionnelles qui ont frappé l'Œuvre
de la Miséricorde et son Prophète Vintras. L'auteur, dans lequel il est
facile de reconnaître un prêtre, n'est autre que l'abbé Charvoz qui, grâce
à son pseudonyme, se cite lui même comme une autorité à chaque page.
Il ne manque pas d'affirmer le caractère divin des révélations de Vintras.
Il en donne même pour preuve la facilité avec laquelle le prophète parle
le latin sans l'avoir appris, et la mort, quasi foudroyante, de plusieurs des
personnes qui ont contesté sa mission. Sans préconiser Naündorff, il affirme
l'existence d'un Louis XVII et accuse Louis XVIII d'avoir fait assassiner
en son honneur le duc de Berry (p. 244).

Les Saints de Tilly sur Seulle. Paris, Maistrasse. 1846, in-8o de 48 p.

*Écrits divers. A l'Univers chrétien, ou Acte dit Bref de Grégoire XVI et
Protestation de la Septaine Sacrée, avec des Notes et quelques lettres suivies*

jusque-là et voulut traiter avec le gouvernement hollandais de ses « secrets d'artillerie, de mousqueterie et de pyrotechnie, » qui dénotaient, a dit M. Jules Favre, un « génie spécial [1]. »

Sur ces entrefaites, il mourut à Delft, le 18 avril 1845. Il avait

de renseignements venus de Rome. 2e édition, publiée par un avocat croyant. Caen, Woinez, 1846, gr. in-4° de 14 p., avec figures triangulaires symboliques.

L'auteur, Napoléon Lemeneur, de Falaise (Stridoel dans l'Œuvre), était fou, et ses écrits ne le prouvent que trop.

Il s'élève particulièrement contre la déclaration du Pape que Naündorff prend faussement le titre de Duc de Normandie : *Qui falsò se Normandiæ Ducem jactat.*

Lettre à un Croyant, par Gozzoli. Caen, 1847, in-8°.

Gozzoli, comme nous l'avons vu ci-dessus, restait convaincu de l'existence de Louis XVII, tout en trouvant Naündorff indigne de ce rôle; de même, ici, il flétrit les chefs de l'Œuvre de la Miséricorde comme des gens immoraux, et cependant il croit à l'apostolat de Vintras.

Les Aveux de l'Abbé Charvoz et les Saints de Tilly sur Seulle, par l'auteur des brochures portant cette épigraphe : « Ils ont élevé un autel au démon de l'impureté, et ils en ont fait un Dieu. » Paris, Maistrasse, 1847, in-8° de 12 p.

Le Livre d'or. Révélation de l'Archange saint Michel (du 6 août 1839 au 10 juin 1840), par M. Alexandre Ch. (l'abbé Charvoz, *un des nombreux témoins.* Paris, Ledoyen, 1849, in-8° de 140 p.

L'Œuvre de la Miséricorde, ou la nouvelle secte dévoilée, par l'abbé Bouix. Paris, Adrien Le Clère, 1849, 86 p., in-8°. Bonne réfutation.

Les Nouveaux Illuminés, ou les Adeptes de l'Œuvre de la Miséricorde convaincus d'extravagance et d'hérésie, par l'abbé Caillau. 1850, in-8°.

Merveilles de l'Œuvre de la Miséricorde, par Madrolle. Paris, Gros, 1851, in-12.

Les merveilles de Tilly, source de toutes les autres, à M. le Directeur de la *Gazette de France,* par Madrolle. Paris, Gros, s. d., in-8° de 4 p.

La Grande apostasie dans le lieu saint (par Madrolle). Paris, Hivert et Garnier, in-8°.

Madrolle a encore écrit, sous l'influence plus ou moins transparente de sa croyance à l'apostolat divin de Vintras : *L'Almanach de Dieu,* seul prophétique et perpétuel, in-18, 1re édit. 1847-1851 ; 2e 1853-1856. Paris, Hivert et autres. — *Avertissement* formant l'avant-propos de l'*Almanach de Dieu,* deux éditions de mêmes dates, mêmes éditeurs et même format ; — *La Feuille prophétique du Triomphe du Socialisme ;* plus. édit. Paris, Hivert, 1849-50, in-12 ; — *La Constitution divine, humaine et sociale.* Paris, Garnier, 1850 ; — *Le Mandement du ciel en présence des Mandements de la terre.* Paris, Garnier, 1851, in-12 ; — *L'Évangile du règne futur,* in-8° ; — *L'Esprit des Tables animées.* Paris, 1854, in-18, etc.

[1] Ce n'était pas cependant la première fois qu'il s'occupait de travaux ou de réclames de ce genre. Il avait fait publier, en 1841, sous le nom de Gruau de la Barre, mais en s'attribuant le mérite de l'invention, le prospectus suivant, d'un charlatanisme éhonté : *Au Gouvernement français. Offre d'un instrument de guerre nouvellement inventé, qui se compose d'un feu tellement puissant, tellement destructif, qu'un seul homme peut faire sauter*

éprouvé quelques coliques, et ses partisans ne manquèrent pas
d'insinuer qu'il avait été empoisonné [1].

C'eût été un crime bien tardif et bien inutile, car son rôle était
fini.

Sa famille, comme dernière consolation, fit inscrire dans son
acte mortuaire les titres et qualités dont il s'était paré pendant sa
vie [2].

Le gouvernement hollandais laissa faire, et l'on a voulu en
conclure qu'il avait reconnu les droits de Naündorff.

Supposition absurde. Les gouvernements étrangers, celui de la
Hollande comme les autres, ont pu dédaigner des prétentions
qui ne se manifestaient pas sous une forme de nature à troubler
leur sécurité. Jamais ils n'y ont donné leur assentiment par un
acte quelconque ; jamais ni Naündorff ni ses héritiers n'ont
produit à cet égard l'ombre d'un document [3].

Naündorff, quand il mourut, songeait sans doute à renouveler son action de 1836 contre les Bourbons de la branche
aînée.

_____

*toute une flotte ou la brûler, miner une forteresse ou incendier une ville ; le
Gouvernement qui la possèdera obtiendra sur les autres nations la même
supériorité qu'eût assurée la poudre à canon à celui qui en aurait eu la
connaissance et l'usage exclusifs. La réalité de cette puissance a été démontré à l'arsenal de Woolwich en Angleterre.* Paris. Mme Delacombe, 1841, in 4
de 16 p. Si grossière que fût l'amorce, elle suffisait pour attirer des action-
naires d'une part, et de l'autre pour ameuter des colères contre le Gouvernement assez antinational pour ne pas se hâter d'acheter un pareil secret

[1] Quelques journaux l'ont fait mourir à Java, vers 1853 (*Moniteur Universel*, 20 novembre 1864) : c'est une erreur évidente. M. Nauroy, (*Les
Secrets*, p. 133) donne l'acte de décès.

[2] Elle persiste, à ce qu'il paraît, dans ses prétentions, car la *Gazette de
Harlem* du 5 avril 1878, publiait le singulier avis suivant :

« ANGE EMMANUEL

« Descendant de mon époux, le DUC DE NORMANDIE, fils de MARIE-ANTOINETTE
et de LOUIS XVI, roi de France. Il servait dans la marine de S. M. le Roi des
Pays-Bas comme deuxième machiniste, à bord du navire de guerre à vapeur
Curaçao, et il a succombé à Weltevreden, par suite d'une fièvre cérébrale.

« Pour seule communication,

Bréda, 3 avril 1878   « Douairière de BOURBON.
(*Figaro*, 9 avril 1878.)   « *Duchesse de Normandie.* »

[3] *Non! Louis XVII n'est pas mort au Temple*, p. XIX.

Il est inconcevable que M. Jules Favre, dans son plaidoyer en appel,
ait fait de cette prétendue reconnaissance un des principaux arguments de
sa thèse.

L'infatigable Gruau avait même déjà rassemblé une partie des matériaux d'un ouvrage énorme, où il devait réunir toutes les preuves des droits du Prétendant, et plaider sa cause devant l'opinion, avant qu'elle fût portée devant les tribunaux.

La mort de Naündorff ne l'arrêta point; il acheva son œuvre et lança *les Intrigues dévoilées* [1].

Ces gros volumes sont l'arsenal où sectateurs de Naündorff et sectateurs de Richemont, ennemis des Bourbons et zélateurs des passions révolutionnaires puisent également leurs prétendues preuves et leurs arguments.

M. Louis Blanc les cite avec une certaine complaisance. Bulau, forcé d'avouer que, par endroits, « Gruau s'exagère la portée de la crédulité et de la stupidité humaine, en débitant de pareilles niaiseries » (t. III, p. 300), et de reconnaître que « rien ne justifie l'authenticité des lettres, des dires, des pièces, des assertions dont son livre est rempli » (p. 317), semble pourtant le prendre au sérieux.

La vérité est que c'est un amas indigeste et illisible, à raison de la prolixité des détails et du défaut d'ordre dans la discussion, de documents apocryphes, d'assertions hasardées, de bévues ou de mensonges historiques, de contes ridicules où l'auteur s'embrouille lui-même, si bien qu'il devient à peu près impossible de suivre son récit. Il renchérit sur les romans de Richemont, sur ceux de Naündorff lui-même. Il prétend qu'il y aurait eu substitution, pendant la Révolution, d'un enfant muet au Dauphin, d'un autre enfant tiré de l'Hôtel-Dieu à l'enfant muet, d'un troisième enfant pris aux Enfants-trouvés à celui de l'Hôtel-Dieu ; sous l'Empire, en Prusse, de Naündorff au Dauphin ; sous la Restauration, de Bruneau à Marassin; qu'Hervagault, Bruneau et Richemont ne seraient qu'un seul et même personnage. Il y a dans ses imaginations de quoi défrayer dix romans de portières et dix drames de l'Ambigu. Seulement, détail important, il passe très légèrement sur le rôle apostolique et évangélique du Prétendant.

Il est remarquable que celui qui se livre à cette débauche de témérités et de mensonges de toute sorte, est précisément le

---

[1] *Intrigues dévoilées, ou Louis XVII, dernier roi légitime de France, décédé à Delft, le 10 août 1845.* Rotterdam, 1846-1848, H. Nijgh, 3 vol. in-8, dont le dernier, de plus de 1000 pages, est divisé en deux parties); portr. lithogr. Le libraire Dentu, de Paris, avait refusé d'éditer l'ouvrage.

même écrivain qui avait débuté par cette appréciation sage et
sensée des devoirs de l'historien [1] :

« Le rôle de l'historien n'est pas d'accueillir avec une facile crédulité
tous les récits qu'on lui fait, tous les bavardages qu'il entend, des
traditions dérisoires, des rapports qui contrarient les idées qu'on
doit se faire des temps, des lieux des personnes, de toutes les circonstances auxquelles ils se réfèrent (t. I, p. 101). »

Une tactique familière à Gruau consiste à citer comme authentiques tous les Mémoires apocryphes qu'on a publiés sous le
le nom des plus illustres contemporains depuis soixante ans,
à l'usage des cabinets de lecture, et à les invoquer comme autant
d'autorités sans réplique [2].

Enfin, deux ans après la publication des *Intrigues*, cinq ans
après la mort de Naündorff, le 19 août 1850, sa veuve et ses huit
enfants assignèrent devant le tribunal de la Seine la duchesse
d'Angoulême et les enfants du duc de Berry, à l'effet de faire

___

[1] Il semble encore qu'il eût tracé son propre portrait dans les lignes
suivantes :
« Il est étrange combien ceux qui écrivent des livres pour soutenir le
mensonge contre une vérité clairement démontrée, ont foi dans leurs propres paroles ! Il ne leur vient pas même à la pensée qu'ils doivent prendre
la peine de les sanctionner autrement que par leurs assertions. Toutes les
autorités qui les contredisent, ils les réfutent par leur silence ; et si vous
avez le bon esprit de ne pas les croire sur parole quand ils vous disent arro-
gamment : «Ce sont des erreurs grossières!» Alors, malheur à vous! Vous de-
venez : un inventeur, un romancier, un charlatan,» sous la plume fabuleuse
de ces transformateurs du vrai en imposture ». (*Non! Louis XVII*...,p.240).
[2] C'est ainsi qu'il cite, à titre de documents historiques, les *Mémoires
de Louis XVIII* (1832-33, 12 vol. in-8°) et qu'il s'indigne vertueusement
contre l'effronterie et la fourberie de Louis XVIII, « qui n'aurait écrit ces
Mémoires que pour masquer ses crimes en déguisant la vérité » (*En Politique point de Justice*, p. 250). Or ces *Mémoires* sont du baron de La Mothe-
Langon, comme chacun sait, et il faut plus que de l'ignorance ou plus que de
l'impudence pour les attribuer à Louis XVIII, qui n'en a pas écrit une ligne.
Il invoque avec le même aplomb les autres compilations romanesques du même
auteur : *Mémoires et Souvenirs d'une femme de qualité* (1830-31, 12 vol.
in-8°); *Mémoires de Napoléon Bonaparte* (1834, 4 vol. in-8°) ; *Souvenirs sur
Marie-Antoinette* par la comtesse d'Adhémar (1836, 4 vol. in-8°); *L'Empire ou
dix ans sous Napoléon* (1836, 4 vol. in-8°); *Mémoires et Souvenirs d'un Pair
de France*, 1829-30 (4 vol. in 8°): trouvant ainsi moyen de reproduire, sous six
à sept noms différents, les assertions d'un écrivain unique, et quel écrivain !
Mêmes procédés en ce qui touche les livres de Touchard-Lafosse, autre
romancier de même force ; l'*Histoire secrète du Directoire*, etc.

décider « que l'acte de décès du 24 prairial était nul ; que Naündorff, leur mari et père, était le fils de Louis XVI et de Marie
Antoinette, et qu'ils seraient admis à jouir de tous les droits civils leur appartenant comme ses représentants légitimes. »

Leur tactique était adroite. Ce n'était pas la couronne de
France qu'ils réclamaient, mais, provisoirement et sans le dire
ouvertement, le partage de la fortune de la duchesse d'Angoulême ; ils visaient au solide.

Les Princes de Bourbon eurent l'esprit de ne pas se défendre,
et de laisser l'avocat de leurs adversaires s'escrimer et s'épuiser
dans le vide.

Cet avocat était M. Jules Favre. On supposa dans le temps que
la satisfaction de morigéner monsieur le comte de Chambord, et la
certitude qu'en défendant un prince *mauvais teint*, il ne courait
pas le risque de trop gagner son procès et de lui frayer le chemin au trône, n'avaient pas été étrangères à l'empressement avec
lequel l'illustre orateur s'était chargé d'une cause si peu digne
de lui [1].

Il partit en campagne sur la foi des *Intrigues dévoilées*, armé
des seuls documents qu'il y avait trouvés, et sans avoir pu en
contrôler la sincérité. Les fausses proclamations de Charette,
les fausses lettres de Laurent et du baron Thierry, les faux Mémoires de Joséphine, la fausse intervention de Frotté, ce que les
décès de Desault et de Chopart « avaient d'inconcevable et d'effrayant, » les prétendues tentatives d'assassinat de 1834 et de
1838, les prétendues irrégularités de l'acte de décès du Dauphin,
tout cela fut mis en œuvre avec cette prodigieuse habileté dont il
avait le secret ; mais il se garda bien de parler du séjour de l'enfant royal dans la Vendée, des deux ou trois substitutions successives, des trois ou quatre évasions dues à la protection de Joséphine, des révélations célestes reçues par son client, et de sa mission évangélique.

C'est ce que fit ressortir avec beaucoup de tact et de justesse
M. Dupré-Lasalle, substitut, dont les conclusions furent d'autant
plus remarquables qu'il lui avait fallu faire, seul et sans communication aucune de la part des personnes qui auraient pu le mieux
le renseigner, une contre-instruction des plus difficiles.

[1] Il fut assez spirituellement brocardé à cette occasion dans quelques
journaux, notamment dans *Le Français* du 20 février 1874.

Des documents positifs, puisés aux affaires étrangères, lui permirent d'établir péremptoirement l'origine honteuse du Prussien Naündorff

Les héritiers Naündorff perdirent leur procès [1] ; le jugement est du 5 juin 1851.

Ils ne portèrent pas immédiatement l'appel, ou du moins ils ne pressèrent pas la solution de cet appel. Leurs partisans se contentèrent de lancer quelques nouvelles brochures, en France et à l'étranger [2]. La Hollande était restée le centre de leurs me-

___

[1] *Droit* des 3 et 31 mai, 7 et 13 juin 1851 ; — *Gazette des Tribunaux* des 3, 31 mai et 7 juin, et autres journaux du temps.

[2] *Les Prétendants au nom et au titre de Duc de Normandie, fils de Louis XVI.* Tel devait être le titre d'un volume de 5 à 600 pages que Bourbon-Leblanc offrait en souscription en 1851, et dont il ne publia que le prospectus (sous ce même titre). Paris, Napoléon Chaix, 1851, in-8° de 8 p.

*En Politique point de justice, ou Réplique judiciaire dans la cause des héritiers du duc de Normandie contre M*me *la Duchesse d'Angoulême, le Duc de Bordeaux et M*me *la duchesse de Parme*, par l'auteur des *Intrigues dévoilées* (Gruau). Bréda, imprimé pour le compte de l'auteur, Broëse, août 1851, in-8° de 10 et 303 p. en petit texte.

Ce n'est guère que la réédition de la plaidoirie de M. Jules Favre, avec les pièces, fausses pour la plupart, les autres insignifiantes, qui figurent dans les *Intrigues dévoilées.*

L'ouvrage est dédié à M. Dupré-Lasalle, dont les conclusions remarquables avaient percé à jour le système de Naündorff, ou plutôt c'est une riposte à ces conclusions ?

Non ! Louis XVII n'est pas mort au Temple. Réfutation de l'ouvrage de M. A. de Beauchesne ; « *Louis XVII, sa Vie, son Agonie, sa Mort,* » par M. le comte Gruau de la Barre, *précédé d'un Avant propos de l'éditeur.* Bruxelles et Leipzig, Flatau, 1858, in-8° de iv xx et 302 p.

L'Avant propos du libraire ne renferme guère qu'une apologie du livre.

Nous n'y avons rien trouvé de plus que dans les *Intrigues dévoilées*, dont il n'est qu'une sorte d'abrégé, avec force citations textuelles et renvois, sauf une hostilité plus directe et en quelque sorte plus personnelle contre Beauchesne et contre son livre. Gruau prend ce livre à partie. Il le discute page par page, il le dissèque, il y cherche la loupe à la main quelques erreurs dans les détails ou quelques contradictions, inévitables dans tout ouvrage de longue haleine, mais qui ne sauraient affaiblir l'autorité de l'ensemble.

La Vérité au duc de Bordeaux, par le subrogé tuteur des enfants du duc de Normandie, dernier roi légitime de France, par le comte Gruau de la Barre, 1859, in-8°.

*Le Royal martyr du xix*e *siècle. Réplique historique à Mgr Dupanloup, évêque d'Orléans, apologiste de l'œuvre mensongère de M. de Beauchesne :* « *Louis XVII, sa vie, son agonie, sa mort,* » par le comte Gruau de la Barre. Livraisons 1 à 3. 1870, in-8°.

La Branche aînée des Bourbons (Veuve et enfants du duc de Normandie, Louis XVII) devant la justice, par le comte Gruau de la Barre. Haarlem, Van-Brederode, viii et 349 p. in-8°; couverture azur fleurdelisée d'or,

nées. Gruau était toujours leur agent principal, jusqu'au jour où, comme les intendants enrichis qui achètent les châteaux de leurs maîtres, il eut l'idée singulière de se mettre à leur place, et de se proclamer, de son autorité privée, *Louis XVII, roi de France et de Navarre.*

Vingt-trois ans se passèrent, et l'on ne songeait plus ni à Naündorff, ni à ses héritiers, ni a Gruau, le traître de la pièce, quand, au mois de février 1874, l'appel du jugement de 1851 fut débattu devant la cour de Paris [1].

Pourquoi et sous quelle influence cette discussion tardive, qui ne pouvait aboutir qu'à un scandale ?

M. Jules Favre assistait encore les héritiers de Naündorff, et broda de nouvelles et brillantes variations sur le thème un peu usé que nous connaissons [2].

Les Bourbons dédaignèrent de nouveau de se défendre.

Ils repoussèrent également les offres de transaction de leurs adversaires [3].

et portrait qui ne rappelle en rien ni le type du Roi Louis XVI, ni celui de la Reine. Paris, 1871, in-8°.

2ᵉ édit., 1873, in-12.

Naündorff, sa Vie et sa Mort, par Maxime Durant. Haarlem, Van Brederode ; Paris, Sagnier et autres, 1873, in-18 de 64 p.

Sorte de *canard* populaire.

[1] *Droit et Gazette des Tribunaux*, février, 1874.

[2] Son plaidoyer fut imprimé à part : *Plaidoirie de Jules Favre devant la cour d'appel de Paris pour les héritiers de feu Charles-Guillaume Naündorff, décédé en Hollande et inscrit sur le registre de l'état civil de la ville de Delft comme Charles Louis, duc de Normandie, fils de Louis XVI et de la reine Marie-Antoinette, appelants, contre M. le comte de Chambord, intimé, défaillant.* Haarlem, Van Brederode ; Paris, Le Chevalier, 1874, in-12 de 377 p.; mais il ne figure pas, non plus que celui prononcé en première instance, dans le Recueil des *Plaidoyers politiques et judiciaires* de M. J. Favre, publié par sa veuve (née Velten), 1882, 2 vol. in-8. On cite dans ce volume une lettre de Jules Favre où il proteste de son dévouement à l'intéressante famille qu'il a défendue, avec une conviction que « *rien* n'a ébranlée. » C'est trop, en vérité ! Le volume est dédié à Germain Sarrut.

[3] Le prince Adalbert aurait adressé au comte de Chambord et au comte de Paris une lettre où il leur offre une transaction. « Vous reconnaîtriez, portait cette lettre, le prince Adalbert et la princesse Amélie (Veuve Naündorff) comme les représentants légitimes du duc de Normandie (Louis XVII) et vous engageriez à leur faire restituer aussitôt que possible, les biens, honneurs, titres et dignités attachés à leur rang. En échange, la princesse Amélie et moi nous vous céderions tous les droits à la couronne de France que nous tenons de notre père infortuné. » (*Gaulois* ; — *Petite Presse*, 4 mars 1874.)

Dans des conclusions savantes et mordantes à la fois, M. Benoist, avocat général, demanda la confirmation du jugement de 1851.

Un arrêt très fortement motivé, du 27 février, le confirma en effet, en y ajoutant quelques considérants fort durs pour Naündorff.

Voici, tracé par la justice elle-même — *Res judicata !* — le portrait de cet aventurier, que ses thuriféraires comparaient modestement au Messie et au Christ :

« Quand on résume les traits principaux de l'histoire connue de Naündorff, ayant erré longtemps en Italie, en Allemagne, en France, en Suisse, en Angleterre et en Hollande ; ayant exercé pendant vingt-deux ans en Prusse la profession d'horloger, sans qu'on sache où il en avait fait l'apprentissage; épousant à Spandau, en 1818, une femme d'une condition obscure ; poursuivi à l'étranger, en 1824, pour crime d'incendie, en 1825 pour crime de fausse monnaie, et subissant en Silésie une peine de plusieurs années de travaux forcés; se proclamant à Londres, en 1838, fondateur d'une Église nouvelle, après avoir reçu surnaturellement les communications d'un ange; renié publiquement en 1841 par plusieurs de ses anciens adhérents, qui, éclairés à la fin sur son compte, dénonçaient ses assassinats simulés, ses jongleries, ses intrigues ; se rendant au commencement de 1845, peu avant sa mort, en Hollande, où il traitait avec le gouvernement néerlandais pour un marché relatif à des projectiles de guerre dont il était inventeur ; ayant écrit enfin des Mémoires de sa vie où il accumule des rencontres étranges, des incidents mystérieux, des faits tragiques, des événements romanesques bizarrement enchevêtrés, avec le dessein facile à apercevoir d'empêcher des vérifications, de dépister les recherches, de rendre ses antécédents insaisissables; ce tableau sous les yeux, on ne peut voir dans Naündorff qu'un aventurier hardi, d'un profond esprit de combinaison et d'astuce, luttant contre le milieu sans ressource où un déclassement social l'avait jeté, capable d'une fourbe habile pour jouer un grand rôle ou faire lucrativement des dupes, et ayant entrepris, avec plus d'étude et d'art que les autres faux Dauphins, de renouveler leur tentative, à la faveur de sa ressemblance extérieure avec le type bourbonnien, et du mystère qui couvrait une grande partie de son existence. »

Les héritiers Naündorff firent annoncer qu'ils se pourvoiraient en cassation. M. Christophle, aujourd'hui gouverneur du Crédit foncier, devait plaider pour eux ; mais il ne fut pas donné suite à ce projet.

Dernière disgrâce ! M Nauroy vient d'exhumer Naündorff pour en faire — sans preuves, il est vrai, sans indice aucun — quoi ? non plus un Prophète ni même un Prétendant ; mais le laquais de son pauvre héros, La Roche. — *Tel maître, tel valet !*

VII

DERNIÈRE PÉRIODE.

DE NAÜNDORFF ET RICHEMONT JUSQU'A NOS JOURS.

UNE GERBE. 1830-1840.

Des grands rôles, nous allons revenir aux doublures.

Un instant, les dauphins pullulèrent de telle sorte qu'il n'y avait pour ainsi dire pas une province de France qui n'eût le sien. Marseille, pour sa part, en avait deux qui, en attendant le moment de reprendre la couronne de leurs ancêtres, ne dédaignaient pas d'extorquer à la crédulité des bonnes femmes, sur les marchés de la ville, leurs moyens d'existence. Lyon en avait un [1]. L'Angleterre en comptait au moins trois [2]. Et il y en avait certainement beaucoup d'autres.

DIEBITSCH (1832).

Après 1830, certains journaux étrangers accréditaient le bruit que le comte Diebitsch-Sabalanski, feld-maréchal des armées russes, qui jouissait d'une grande réputation mais dont l'origine était mystérieuse [3], n'aurait été autre que le fils de Louis XVI : calcul ou mystification. On ne manquait pas de gens en France pour répéter cette supposition ridicule, et à l'appui de laquelle on ne produisait pas l'ombre d'une preuve.

[1] *Supercheries Littéraires.*
[2] *Mémoires* du vicomte Sosthènes de la Rochefaucauld, t. V.
[3] Pas tant : il etait né le 13 mai 1778, au village de Gross-Lews en Silésie, d'une des plus anciennes familles de cette province (*Supercheries littéraires*).

MARTIN (VERS 1836).

Bicêtre renferma pendant quelque temps, vers 1836, un ancien clerc de notaire de ce nom, bossu et très spirituel. Il y mourut avec la conviction intime qu'il était le fils de Louis XVI et l'héritier légitime du trône de France [1].

JUNT (1836).

Junt était un ancien secrétaire d'ambassade, que des manies ambitieuses avaient poussé à la folie et qui se croyait très sérieusement Louis XVII. Il était, lui aussi, détenu à Bicêtre en 1836.

Propre, recherché même dans sa mise, très poli, se défendant de tout travail manuel comme compromettant pour sa dignité, il ne s'occupait que de politique et de l'éducation de petits oiseaux qu'il faisait envoler plus tard, « pour ne pas les priver, comme il le disait avec emphase, du plus grand des biens — la liberté ! » Ils l'aimaient beaucoup et venaient, à sa voix, voltiger autour de lui, se percher sur sa tête et sur ses épaules pour becqueter le pain qu'il leur émiettait, libres sujets d'un roi captif ! Son long nez en forme de bec, et son front fuyant lui donnaient à lui-même quelque ressemblance avec un oiseau [2].

Ces deux malheureux n'étaient pas seuls à Bicêtre à rêver la couronne de France. Ils avaient pour compagnons de détention trois autres Louis XVII, deux Louis XVI, un Napoléon, un charcutier qui, à cause de son obésité, se disait Louis XVIII [3], sans compter l'immense légion de ceux qui se croyaient et de ceux qui se croient encore Princes, Rois, Empereurs, Papes et Dieu lui-même !

TRÉVISON (1836).

Les journaux de la fin de juin 1861 [4], contenaient la note suivante :

« Une lettre de Zara, du 20 juin, parle de la mort récente en cette ville d'un certain Joseph Trévison (ou Trévisan) horloger [5], mort dès le 19, à l'âge de soixante-quatorze ans.

[1] *Musée des Familles*, t. III, p. 76, art. de Henri Berthoud.
[2] *Id., ibid.*
[3] Peuchet, *Recherches*, etc.
[4] V. notamment le *Journal d'Alençon*, 4 juillet.
[5] Décidément les horlogers avaient une vocation particulière pour le rôle de faux Dauphins ; c'est le troisième que nous rencontrons.

« En 1836, lorsque le choléra sévissait, il avait fait à une dame, chez laquelle il demeurait, des aveux qu'après sa mort elle a communiqués à l'autorité. D'après son dire, Trévison n'aurait été autre que Louis XVII. Echappé à la tyrannie du savetier Simon, il se serait rendu à Londres ; de là en Écosse et finalement à Padoue, où les époux Trévison lui auraient remis un document qui indique l'année 1785 comme étant celle de sa naissance. Ce document, qui existe encore, ne donne pas les noms du parrain. Trévison, sur son lit de mort, avait également fait part de ces faits à son médecin. L'autorité a fait photographier le portrait du défunt et ordonné, dit-on, une enquête. »

Rien dans cette histoire qui mérite la moindre attention.

ELIÉZER WILLIAMS (1849).

Voici un second Louis XVII américain, et qui plus est, à moitié sauvage, à moitié prêtre.

A plusieurs reprises, on a essayé d'attirer l'attention publique sur ce personnage, qui ne semble pas avoir eu pleine conscience des droits dont on l'affublait. C'est un M. H. Hanson qui paraît avoir été le promoteur de cette tardive tentative.

En 1841, vivait chez les sauvages Mémonines, dans l'Amérique du Nord, un certain Eliézer Williams, âgé d'environ 55 ans. Il jouissait d'une grande considération, ayant été chargé de diverses missions pour rétablir la paix, soit entre le gouvernement des États-Unis et certaines tribus, soit entre elles. Il était riche, prêtre ordonné, instruit. Son origine était mystérieuse, et lui-même ne la connaissait pas bien. On savait seulement qu'il avait dû être amené chez les sauvages, fort jeune encore et à peu près abandonné. Un chef Iroquois, du nom de Thomas Williams, l'avait adopté. En 1823, il avait épousé à Green-Bay, Marguerite Jourdan, de race Franco-Indienne. Des Quakers qui le visitèrent en 1849, sur la foi des rumeurs qui le désignaient comme fils de Louis XVI, en traçaient le portrait suivant :

« C'est un homme petit et fort, ayant l'air franc et ouvert, annonçant beaucoup d'intelligence et de bonté, avec cette affabilité qui caractérise le prêtre catholique européen. On lui donne le nom d'Eliézer Williams, et ce qui est plus étonnant, le titre de chef des Indiens Saint-Régis et de Ministre de l'Église épiscopale. On dit que c'est un homme très versé dans les lettres et les sciences, qu'il a formé une bibliothèque précieuse, contenant beaucoup de volumes des missionnaires jésuites et des voyageurs qui ont les premiers visité la contrée des Lacs. Il aurait fait long-temps des recherches se rattachant à l'histoire ancienne des nations du N.-O. et confié à ses amis qu'il avait le projet de composer un ouvrage sur cette matière. Il a déjà publié quelques essais; les journaux les ont imprimés, et l'on ne peut plus se les procurer [1]. »

Au mois d'octobre 1841, le prince de Joinville, alors âgé de 23 ans, fit un voyage d'exploration en Amérique. Dans la traversée de Buffalo à Green-Bay, il rencontra Eliézer Williams, avec qui il s'entretint longtemp des souvenirs que l'occupation française avait laissés au Canada et de l'histoire de la Révolution française. A Green-Bay, ces conversations continuèrent entre eux, et ils se séparèrent les meilleurs amis du monde, promettant de s'écrire mutuellement et d'échanger des documents, des pièces sur l'histoire de la France américaine.

Jusque là rien que de naturel, et tout le monde est d'accord sur ce qui se serait ainsi passé entre le jeune prince et le vieux savant.

Mais Williams prétend — et son récit va devenir de la plus choquante invraisemblance — que le prince de Joinville lui aurait demandé une entrevue confidentielle, et que là, sous le sceau du secret le plus absolu [2], il lui aurait solennellement révélé qu'il était LUI, WILLIAMS, LE FILS DE LOUIS XVI !

Ce n'est pas tout : il lui aurait exhibé un magnifique parchemin où pendait un sceau en or, argent ou vermeil, contenant en français et en anglais 1° l'abdication de Williams et sa renonciation à la couronne de France en faveur de Louis-Philippe ; 2° le détail des conditions de cette abdication : assurance d'un établissement princier en France ou partout ailleurs, et restitution de toutes ses propriétés de famille confisquées pendant la Révolution ou de leur valeur [3].

[1] The Friend of Philadelphia, 1849.
[2] Il ne se serait pas contenté de la promesse verbale de Williams, mais la lui aurait fait répéter et signer sur un morceau de papier. Le bon billet !
[3] De pareils détails ont besoin d'être reproduits dans le texte original :
« It was a solemn abdication of the crown of France in favor of Louis Philipp, by Charles Louis, the son of Louis XVI, who was styled Louis XVII, king of France and Navarre, with all accompanying names and titles of ho-

La pièce resta pendant quelques heures aux mains de Williams, qui n'eut pas l'idée de la garder, ou du moins d'en prendre copie, tant il était ébahi d'une pareille ouverture ! Il s'en étonne lui même[1]. Il se borna à demander quelques jours de réflexion. Il réfléchit en effet, et refusa magnanimement — à l'exemple de Louis XVIII refusant d'abdiquer en faveur de Bonaparte,—malgré les instances du prince de Joinville; et même,ces instances ayant eu un caractère sans doute trop familier, il dut prendre vis à vis de lui un ton de supériorité (*superiority*) qui le réduisit immédiatement à une respectueuse attitude (*respectful attitude*)[2].

Les raisons de ce refus furent le respect qu'il devait aux droits de sa naissance et les intérêts de ses enfants.

Mais quelles avaient été celles de Louis-Philippe pour lui faire une pareille révélation et de pareilles offres? Sans doute le besoin de consolider ses droits au trône, et de ménager à ses enfants des alliances avec les dynasties royales de l'Europe[3].

C'était le même motif qui l'avait engagé à offrir à Richemont la main de la princesse Clémentine, ainsi que Richemont a daigné nous l'apprendre[4].

nour, according to the custom of the old french monarchy, together with a minute specification in legal phraseology of the conditions, and considerations, and provisos, upon wich the abdication was made. These conditions were in brief, that a princely establishment should be secured to me either in this country or in France, at my option, and that Louis Philipp would pledge himself on this part, to seune the restoration, or on equivalent for it, of all the private property of the royal family right fully belonging to me, wich had been confiscated in France during the Revolution, or in any way got in into other lands. (Hanson, p 362). »

[1] « Now you may ask me why I did not retain, at all hazards, this document, or, at any rate, take copy of it; but is very easy for you, sitting quietly thece, to prescribe the course wich prudence and self interest would dictate (Hanson, p. 71). »

[2] *Id., ibid.*, p. 363.

[3] « The only satisfactory explanation he would suggest was, that althoug he was personnally ignorant of his origin, yet there were those both in Europe and this country who were acquainted with it, and that Louis Philipp being at that times anxious to fortify his family in power by every possible means, contracting alliances with other royal lines of Europe, y et knew that in him existed an obstacle wich might possibly prevent the accomplishment of all his designs and had therefore, perhaps, delegated his son to reveal the fact to him so as to escape the consequences of its coming to ligth some other way (p. 345). »

[4] Claravali, p. 405.

On pourrait se demander où tout ce monde là avait pu trouver, dans les

9

Williams avait attendu, dans l'espoir qu'il se produirait en Europe un mouvement en sa faveur.

Il avait probablement fait part à quelques personnes de sa bonne fortune, ce qui explique la visite que lui firent les Quakers en 1849.

Les journaux américains avaient aussi publié une note constatant que, vers 1848, un Français âgé, du nom de Bellanger, mourut à la nouvelle Orléans, et qu'il avait fait, en présence de temoins, à ses derniers moments, la déclaration suivante :

« Il était en France à l'époque de la première Révolution, et en rapport avec quelques chefs éminents du parti populaire. On n'a jamais pu savoir positivement ce qu'était devenu le Dauphin de France ; on croyait généralement qu'il était mort ; mais des personnes indignées des traitements cruels qu'éprouvait le malheureux enfant, l'arrachèrent des mains de Simon, et le conflèrent à lui, sous la promesse solennelle de le conduire hors de France, de l'établir dans un pays où l'on n'entendrait plus parler de lui et de garder le secret. En conséquence, il avait conduit le Dauphin en Amérique et l'avait remis à une tribus d'Indiens en le confiant à la sollicitude spéciale d'un chef, qui l'avait adopté pour fils. L'enfant était devenu homme et était alors missionnaire chez les Indiens Oneida. Il se nomme Eliezer Williams. »

D'autres versions, il est vrai, contredisaient celle-là. Un couple prenant le nom de Jardin ou Jourdan (singulière analogie, pour le dire en passant, avec celui de Mme Williams), mais qui n'était peut-être pas marié, — la femme était élégante et possédait nombre d'objets ayant appartenu à Marie-Antoinette, notamment de la vaisselle plate aux armes royales ; l'homme était grossier et mal accoutré — aurait amené de France, dans l'Albany, en 1795, deux enfants que l'on tenait cachés à tous les yeux, fille et garçon. Le garçon était le plus jeune. On l'appelait monsieur Louis. Quelques circonstances auraient pu faire croire qu'il était imbécile. Il avait dû être conduit et abandonné chez les sauvages.

C'est dans ces circonstances qu'un écrivain, nommé Hanson, eut, de son côté, l'idée d'aller visiter Williams, et de lui faire raconter son entrevue avec le prince de Joinville, à quoi

traditions de la vieille monarchie française, le droit pour le souverain de rompre la chaîne et d'abdiquer au profit d'un étranger, ou, ce qui revient au même, d'un prince de branche cadette ? Mais il n'y regarde pas de si près.

Williams se prêta volontiers. Il lui montra en outre, précieuse-
ment conservés, des objets de toilette qu'il disait avoir appartenu
à la reine Marie-Antoinette.

Hanson se hâta de publier tous ces détails dans une Revue
américaine [1]. Ils furent reproduits dans une Revue anglaise [2] et
dans d'autres journaux. Le prince de Joinville se trouva en quelque sorte mis en demeure de s'expliquer sur le rôle singulier
qu'on lui prêtait dans cette affaire. Il le fit en effet, et, dans une
lettre à l'éditeur du *Monthly Magazine* (n° du 9 février 1853),
M. Trognon, secrétaire de ses commandements, donna un démenti absolu aux révélations comme aux propositions que lui
attribuait Williams. Il n'y avait de vrai que leur rencontre sur
le bateau à vapeur et leur conversation sur l'histoire des rapports entre la France et le Canada ; le reste était de pure fantaisie.

« ....: Ce passager semblait fort au courant des événements qui se
sont accomplis dans l'Amérique du Nord pendant le siècle dernier. Il
racontait une foule d'anecdotes et de particularités intéressantes sur
les Français qui prirent part à ces événements et s'y distinguèrent.
Sa mère était, disait-il, une indienne appartenant à la grande peu-
plade des Iroquois, fidèle alliée de la France. Il ajoutait que du côté
paternel son origine était française, et allait jusqu'à citer un nom
que le Prince s'abstient de rapporter. C'était là ce qui l'avait mis en
possession de tant de détails curieux à entendre. Un de ces récits les
plus attachants était celui qu'il faisait des derniers moments du marquis de Montcalm, mort entre les bras d'un Iroquois, son parent, à
qui le vaillant capitaine avait laissé son épée. Ces détails ne purent
manquer d'intéresser vivement le Prince, dont le voyage à Makinac,
à Green-Bay et sur le haut Mississipi, avait pour objet surtout de
rechercher la glorieuse trace des Français, qui les premiers ouvrirent
à la civilisation ces belles contrées.

« Le Prince pria M. Williams de lui faire parvenir, sous forme de
notes, tous les renseignements qu'il serait en mesure de se procurer
et qui pourraient jeter quelque jour sur l'histoire des établissements
français dans l'Amérique du Nord. De son côté, M. Williams, qui ne
paraissait pas moins curieux de connaître à fond cette même histoire,
demanda au Prince de lui transmettre tous les documents qui y étaient

_____
[1] *The Putnam's Magazine*, février 1853.
[2] *The Monthly Magazine* ; — *Phare de New York*, etc.

relatifs, et qui devaient se trouver dans les archives du Gouvernement français...

«..... Tout ce qui a trait à la revélation que le Prince aurait faite à M. Williams du mystère de sa naissance, tout ce qui concerne le prétendu personnage de Louis XVII, est d'un bout à l'autre une œuvre d'imagination, une fable grossièrement tissue, une spéculation sur la crédulité publique, faite on ne sait à quel propos et dans quel but[1]. »

Pour la vérité sur la mort de Louis XVII, M. Trognon renvoyait son correspondant à l'ouvrage de M. de Beauchesne.

Ni Williams, ni Hanson ne se tinrent pour absolument battus par ce démenti, et un gros volume [2] fut publié pour soutenir non seulement la véracité de Williams dans le récit de sa conversation avec le prince de Joinville, mais la force des autres preuves venant à l'appui de ce récit. Ces preuves sont nulles : prétendue ressemblance entre Eliézer et Louis XVII ; enlèvement opéré par les soins de Gomin et de ses amis : le marquis de Fenouil, Doisy, Debierne et Liénard[3]. Pas le moindre indice à l'appui de cette supposition [4].

SAVALETTE DE LANGE (1856).

Pour être plus que complet dans notre inventaire, faut-il nous arrêter à des rumeurs, bien rares et bien vagues d'ailleurs, qui auraient circulé sur une certaine demoiselle Jenny Savalette de Lange, morte à Versailles le 6 mai 1856? Après la mort de ce personnage, et uniquement parce que l'on ne pouvait s'expliquer le mystère qui l'avait engagé à déguiser son sexe, cer-

---

Hanson, p. 403.

[2] The Lost Prince : Facts tending to prove the identity of Louis the seventeenth, of France, and the Rev. Eleazar Williams, Missiongry among the Indians of North America, by John H. Hanson. London, Low ; New-York, Putnam, 1854, in-12 de 479 p. ; portrait qui n'a absolument rien de Bourbonnien.

Que le Prince se fût permis une espièglerie d'aspirant de marine (il avait 23 ans) vis à vis d'un individu que sa crédulité et sa vanité lui livraient en quelque sorte, la chose n'eût pas été impossible, ont dit quelques Américains ; mais qu'une pareille mystification ait été prise au sérieux, voilà ce que personne, ni en Amérique, ni en Europe, n'a pu comprendre.

Il est à remarquer que le Prince n'aurait indiqué à son interlocuteur ni comment il aurait été enlevé du Temple, ni comment on aurait été mis sur ses traces et l'on serait parvenu à le retrouver après près de cinquante ans.

[3] Noms pillés au hazard dans Beauchesne.

[4] V. encore sur Williams, le Constitutionnel, 8 février 1850 ; — Supercheries Littéraires ; — Art. de M. de Pistoye.

taines gens se demandèrent si ce n'était pas un Louis XVII travesti.

Mlle Savalette de Lange, en effet, était bien et dûment un homme, ainsi qu'il fut reconnu et constaté à son décès; un homme qui, pendant plus de cinquante ans, avait porté des habits de femme, passé pour une femme dans le monde le plus aristo-cratique et le plus raffiné ; obtenu, comme femme, le bureau de poste de Villejuif ; surpris, comme femme, au tribunal de Ver-sailles un jugement pour suppléer à son acte de naissance ; qui même avait eu, comme femme, des soupirants à sa main, sans jamais trahir le secret de son déguisement.

Pourquoi ce déguisement, si héroïquement gardé? C'est un problème comme celui du déguisement du chevalier d'Éon, qui restera probablement sans solution. Caprice ? spéculation sur la crédulité publique ? besoin de cacher des antécédents trop com-promettants, d'échapper à la conscription, à des poursuites cri-minelles ? Nul ne le saura jamais.

Que certaines personnes aient eu l'idée que, sous la robe de Mlle Savelette de Lange, s'était caché Louis XVII, nous n'en sommes pas surpris. Mais nous constatons que cette rumeur, qui ne prit naissance qu'après la mort du personnage et la dé-couverte de son sexe véritable, n'a pas trouvé le moindre crédit parmi les personnes qui connaissaient le mieux l'histoire du vieux et du nouveau Versailles. Nous en avons pour garant M. Vatel, connu par ses beaux travaux historiques sur Charlotte Corday et sur les Girondins, et les témoignages qu'il a bien voulu interroger à ce sujet.

Rien dans les actes de la vie de Mlle Savalette n'autorisait cette supposition. Ses papiers n'ont rien offert qui pût l'accrédi-ter. Son intérêt eût été d'exploiter sa naissance réelle ou pré-tendue, comme l'ont fait tous les faux Dauphins, au lieu de la cacher. Sa figure noire, sèche, allongée, son long nez droit, n'of-frent aucune ressemblance avec les portraits du Dauphin [1].

[1] Il a paru à Versailles, en 1859, une brochure sur ce personnage, intitulée: *Notice sur l'Homme-femme connu sous le nom de Mademoiselle Savalette de Lange (Henriette Jenny)*, par Héval (ou plutôt V. B***) de x-136 p. in-8°, avec portrait et fac-simile. Elle n'éclaircit en aucune façon le pro-blème.

M. V. Sardou a fait allusion à cet épisode dans la conversation citée dans le *Figaro* du 7 mars.

Un a prétendu que le couvrepied en guipure du lit de Louis XIV, au châ-

VARNEY (VERS 1865).

Celui-là habitait rue Férou un logement plus que modeste,
sous le nom de Monsieur Louis. Il était fort connu des étudiants
et des grisettes du quartier. Au Luxembourg, il effrayait les
femmes de ses regards de satyre. Il passait presque tout son
temps dans le cabinet de lecture de Mlle Morel , rue Casimir
Delavigne, absorbé dans l'étude des Revues. Aux malins qui
l'appelaient Sire, il répondait avec un gracieux sourire. Parfois
il ne dédaignait pas de leur confier comment il avait été enlevé
du Temple par les soins de Pichegru, caché dans un paquet de
linge sale. Un enfant rachitique acheté par Pichegru lui avait été
substitué, apporté dans un paquet de linge blanc. C'était, comme
on le voit, tout simplement la version de Naündorff.

On l'avait remis à Joséphine : version de Richemont. Il avait
séjourné dans le Morbihan, chez des paysans fidèles, puis en
Suisse sous la garde d'un général républicain. Ses partisans
l'avaient abandonné à cause de ses idées libérales : pastiche de
Richemont et de Naündorff.

Pendant vingt ans, il avait donné en Belgique des leçons d'histoire. Mme de Tourzel l'avait fait son héritier. Il attendait son heure.
« Tel que vous me voyez, disait-il, j'ai quatre-vingts ans ; mais
je n'en parais pas plus de soixante. C'est que Dieu me rajeunit
de jour en jour. Vienne une Restauration, et je reprendrai toute
ma vigueur , et j'épouserai une fille du peuple, et par notre
union sera définitivement cimentée l'alliance du pouvoir royal et
de la France démocratique. » Et il le croyait ! Au physique, il
avait quelques traits bourbonniens ; « mais, comme il portait la
barbe, une barbe courte, hérissée, rude et blanche, il ressem-
blait à Victor Hugo. Ses cheveux étaient de la même couleur et
affectaient la même attitude ; ce qui faisait dire plaisamment
à notre Louis XVII que sa tête était un drapeau blanc. Il eût été
plus exact en comparant son vénérable chef à un drapeau trico-
lore. En effet ce diable d'homme avait les yeux d'un bleu admi-

---

teau de Versailles, serait provenu de la succession Savalette, et l'on a voulu
en tirer des inductions fantastiques en faveur de l'origine royale du personnage. Cette provenance fût-elle établie, qu'elle ne prouverait nullement que
ce couvrepied aux armes royales eût suivi Louis XVII au Temple, en fût sorti
avec lui, et l'eût accompagné dans tous les hasards de sa vie.

rable et les lèvres aussi rubicondes qu'un manteau de pourpre. Le nez aussi était de race, mais il *trognonnait* scandaleusement. Il y aurait eu de quoi supposer, si l'on n'eût craint de manquer de respect à Sa Majesté, que Louis XVII caressait plus que de raison la « Dive bouteille. »

Ce pauvre fou s'appelait en réalité Varney. C'était un ancien professeur, qui avait imprimé, en 1817, des thèses pour le docto- rat-ès-lettres, et depuis, dans la *Revue Encyclopédique*, des articles sur l'Homme, assez remarqués en leur temps [1].

COMTE LIGNY DE LUXEMBOURG (1867).

Ce personnage se faisait passer en Russie pour le Dauphin. Il ne se produisit point en France. Nous ne savons de lui que la date de sa mort, 1867 [2].

LE TRAPPISTE (1869).

En mars 1869, les journaux reproduisirent à l'envi la nouvelle suivante [3] :

« Il y a bien des années, un homme arriva, par une nuit sombre, à Bellefontaine, couvent des Frères Trappistes situé à deux lieues de Cholet. Il était accompagné d'une personne qui remit au supérieur une cassette, avec la recommandation expresse de ne l'ouvrir qu'à la mort de son compagnon, qui désirait terminer ses jours dans cet asile de paix. A cette époque seulement, on devait connaître son nom et les détails de son existence. Or, ce religieux, dont la physionomie offrait les traits frappants de la physionomie des Bourbons, vient de mourir il y a deux jours, et il se trouve ici bon nombre de gens qui affirment que les papiers trouvés dans la cassette ont établi d'une façon authentique que le religieux qui vient de succomber est bien Louis XVII.

« Ce que je puis vous affirmer, c'est que le corps a été embaumé, que les obsèques n'auront lieu qu'à la fin de la semaine, et que plu-

---

[1] *Figaro*, 6 mars 1882, art. de Simon Brugat ; — *Supercheries littéraires ; — Littérature française contemporaine.*
[2] *Gazette des Tribunaux*, art. de M. de Pistoye ; — *Union*, 17 février 1874.
[3] *Journal d'Alençon*, 11 mars 1869 ; — *Figaro*, 12 mars, etc.

sieurs évêques et une foule de personnes se sont déjà rendus à Bellefontaine pour voir le Trappiste, qui est exposé à tous les yeux, et
auquel on attribue une si illustre origine.»

En vain, l'acte de décès du P. Fulgence [1] protestait-il contre
cette prétendue origine ; en vain, le nouvel Abbé crut-il devoir
désavouer, dans une lettre publiée dans le *Journal de Cholet*, les
circonstances romanesques dont on avait embelli la vie et la mort
de son prédécesseur; le pli était pris, et nombre de personnes dans
le pays et au loin s'entêtèrent à considérer le P. Fulgence comme
le fils de Louis XVI, encore que sa mort fût un démenti positif
aux prophéties qui annonçaient son triomphe définitif, et qui
avaient, il faut bien le dire, contribué à alimenter la crédulité
populaire autant et plus peut-être que la physionomie Bourbonnienne [2] ou les autres particularités matérielles invoquées par les
divers Prétendants.

En réalité, le P. Fulgence s'appelait tout simplement Guillaume
de son nom de famille. Il était prêtre. Il avait professé la philo-
sophie avec distinction. Entré à la Trappe, sa piété et son mérite
l'avaient porté à la dignité d'Abbé. Des hommes considérables
du parti légitimiste, qui l'avaient connu dans le monde, avaient
gardé avec lui d'étroites relations, et lui faisaient de fréquentes
visites qui ne contribuèrent pas peu à appeler l'attention sur sa
personne. Il faut l'avouer d'ailleurs : le Père Fulgence croyait
fermement à l'existence de Louis XVII, et, parmi les prétendants
à ce titre, il penchait hélas ! pour Richemont. De là, dans son langage, des réticences et des précautions mystérieuses qui exci-

[1] *Acte de décès de Guillaume (Alexandre).* — 28 février 1869.
« L'an mil huit cent soixante-neuf, le premier mars, a été dressé l'acte de
décès du nommé Guillaume (Alexandre Joseph), prêtre, domicilié à l'abbaye de
Bellefontaine, commune de Bégrolles, canton de Beaupréau, arrondissement
de Cholet (Maine-et-Loire), décédé au dit Bellefontaine le vingt-huit février
mil huit cent soixante neuf, à dix heures du soir, âgé de quatre-vingt-trois
ans, né (le 9 novembre mil sept cent quatre-vingt cinq) à Glenac (Morbihan),
fils des défunts Joseph Guillaume et Julienne Morin. »
Extrait des registres de la Mairie de Bégrolles.
[2] Le visage du P. Fulgence offrait un type Bourbonnien très marqué, qui
aida beaucoup au succès du portrait photographié que l'on répandit après
sa mort, et qui n'était peut-être qu'une spéculation. « La fantaisie qui a fait
du P. Fulgence Louis XVII, n'était basée que sur le nez charmant (*sic*) et
tout bourbonnien du Saint Trappiste (V. de Stenay, p. 160). » Le même
auteur ne se gêne pas pour en faire un intermédiaire entre le Pape et Naündorff, en 1848.

taient la curiosité de ses interlocuteurs. La mort de Richemont et de ses compétiteurs, en donnant un démenti aux prophéties dont se nourrissait la confiance du P. Fulgence, l'attrista profondément. Il garda sa foi dans l'existence de Louis XVII, mais sans oser la propager, également embarrassé pour accueillir ou pour repousser les confidences des fidèles, répondant par un sourire triste et muet à leurs questions, même à celles qui le concernaient personnellement, et ajoutant ainsi, sans le vouloir, à l'intérêt mystérieux dont il était l'objet et qui se manifesta surtout après sa mort. Tels sont les renseignements que nous avons puisés dans le pays même, aux sources les plus respectables, et dont nous pouvons affirmer l'authenticité.

GRUAU (1872).

Nous avons vu que Gruau, après avoir défendu la cause de Naündorff et de ses enfants avec un courage et une ténacité dignes de meilleurs clients, avait fini par perdre le peu qui lui restait de cervelle, et par s'imaginer qu'il était lui-même Louis XVII. Exemple à ajouter à l'histoire des maladies ou des manies contagieuses! Bréda fut le théâtre de ses revendications. Il couvrit de ses affiches les murs de cette ville. Il publia même, dit-on, une brochure pour exposer ses droits et en envoya un exemplaire au comte de Chambord, alors en voyage en Hollande, qui rit beaucoup, mais refusa absolument d'abdiquer en faveur de son cousin [1].

LE FRÈRE VINCENT (1873).

Ce frère Vincent, âgé de 86 à 87 ans, qui parcourait, paraît-il, les environs d'Uzèz, en 1873, passait dans un petit comité de fervents, parmi lesquels il faut compter un M. de Castille et le curé de T*** sur R***, pour le véritable Louis XVII. « Vous seriez étonné, disait celui-ci, de ce tout ce qu'il nous a confié et des documents et pièces authentiques qu'il porte avec lui et qui

[1] *La Liberté* et autres journaux, commencement de mars 1872. La lettre du correspondant spécial de la *Liberté* est datée de Bréda, 4 mars. Se serait-il trompé, en faisant du pauvre Gruau un messie au lieu d'un apôtre, un Richard au lieu d'un Blondel? La chose est peu probable. Elle prouverait dans tous les cas à quel point de discrédit étaient tombés les deux personnages, pour qu'on pût les confondre l'un avec l'autre.

seront peut-être bientôt mis au jour [1]. » Rien n'a paru. Ce sont
des sectateurs de Richemont, qui, Richemont mort, se sont lan-
cés à la poursuite de ce nouveau fantôme.

LA ROCHE (1882).

Le dernier des candidats au rôle de Louis XVII aurait été un
nommé La Roche, mort aux environs de Savenai, en 1872. Nous disons *candidats*, et nous ne sommes pas sûr qu'il eût avoué
l'abus qu'on a fait de son nom ; ce nom de La Roche est, lui
aussi, plus que douteux ; enfin, l'existence même du personnage
n'est nullement certaine. S'agit-il ici d'une mystification qu'un
écrivain fantaisiste aurait infligée aux éditeurs et aux abonnés de
la Nouvelle Revue ? Aurait-il été mystifié lui-même par des cor-
respondants facétieux ? Nous ne savons, et au fond, il importe
assez peu.

La vérité est que M. Nauroy s'est fait le promoteur, l'inventeur
d'un nouveau Louis XVII, dont les titres, il faut bien le dire,
sont au-dessous de ceux mêmes de ses devanciers, et que les
raisons par lesquelles il les soutient, et que nous sommes condamné à discuter sérieusement, bien que déjà démenties par
d'imposantes protestations, ne soutiennent pas un instant
l'examen [2].

Dans *la Nouvelle Revue* du 15 février 1882 (p. 758-773), M.
Nauroy publiait, sous ce titre assez affriandant : *Le vrai
Louis XVII*, une étude où il affirmait solennellement qu'il avait
retrouvé ce vrai Louis XVII.

« Des chefs Vendéens, disait-il en forme de conclusion, qui furent

---

[1] Stenay, *Louis XVII vengé*, p. 24.
[2] Pendant que nous imprimions notre travail, M. Chantelauze complétait
celui qu'il avait donné dans le *Figaro* du 19 février 1882, et publiait dans le
Correspondant (10 et 25 août) une étude des plus intéressantes, où non
seulement il réfute *à fond* le système de M. Nauroy, mais où il réunit toutes
les preuves qui établissent jusqu'au dernier degré d'évidence la réalité de la
mort au Temple du jeune Louis XVII. Cherchant tous deux la vérité avec la
même sincérité et la cherchant aux mêmes sources, nous nous sommes
nécessairement rencontrés sur beaucoup de points. Toutefois, M. Chantelauze ne discute que le personnage de La Roche, tandis que nous avons
évoqué tous les autres faux Dauphins, exposé leurs systèmes, fait ressortir
les insanités et les mensonges dont ils fourmillent, et cherché dans le rapprochement et la comparaison, la condamnation de tous et de chacun.

mêlés à l'évasion de Louis XVII, Charette fut fusillé en 1796, Frotté
en 1800, et Puisaye mourut déconsidéré en Angleterre en 1827. Dès
lors, le malheureux Dauphin, plein d'inexpérience, repoussé par les
siens, n'avait plus que deux alternatives : ou l'obscurité, ou tenter
de prendre sa place de vive force, au risque de passer pour un imposteur. Mais il n'était pas de taille à jouer ce dernier rôle. C'était,
me dit-on, un homme fort ordinaire, et la lutte l'effrayait. Il préféra
l'obscurité. Quand arriva la Restauration, sa sœur la duchesse d'Angoulême veilla à ce qu'il fût abondamment pourvu du côté de la fortune.
Il vit donc défiler sans mot dire tous ceux qui se donnèrent pour lui
jusqu'à Naündorff, son ancien valet de chambre, qui essaya d'exploiter son secret qu'il avait surpris. Il garda ce secret douloureux, et
dut souffrir cruellement. Le pire est qu'il a souffert longtemps, car
il n'est mort qu'en 1872, aux environs de Savenai (Loire-inférieure),
dans ce même département où est venu mourir quatre ans plus tard
Amy Brown qui, elle aussi, eût pu être reine de France Il avait
quatre-vingt-sept ans. »

M. Nauroy se garde d'indiquer aucune circonstance, aucun
détail qui établisse l'identité de son personnage avec Louis XVII.
Hervagault, Bruneau, Richemont, Naündorff invoquaient, du
moins, pour démontrer la leur, des pièces — fausses il est vrai ;
des témoins —faux aussi ; — des signes corporels, des particularités personnelles…Pour La Roche, on s'en dispense. Pas un détail
sur les circonstances de sa vie ; pas un mot sur ses rapports
prétendus avec Naündorff, son valet de chambre, — que l'on suit
en Allemagne pas à pas, jour par jour, jusqu'au moment où il
arrive en France, non pas laquais, mais prétendant et demi-Dieu;
— pas un témoin déposant en sa faveur.

Ce sans gêne rappelle un peu trop le mot du *Médecin malgré
lui* : « Cela était autrefois ainsi ; mais nous avons changé tout
cela, et nous faisons maintenant la médecine d'une méthode
toute nouvelle. »

Mais, ce qui est un peu plus sérieux, il n'est mort, ni à Savenai,
ni dans les communes environnantes, — ni en 1872, ni dans les
années qui ont précédé et suivi, — ni à l'âge de quatre-vingt-sept
ans, ni à un âge se rapprochant de celui-ci, — ni sous le nom de
La Roche, ni sous tout autre, un individu qui puisse être le prétendu La Roche. Cela résulte de la manière la plus positive des
vérifications faites avec le soin le plus minutieux au greffe de

Savenai par M. Gustave Bord, dont on connaît la loyale et scrupuleuse exactitude [1].

M. Nauroy, mis au pied du mur, n'a pas même essayé de répondre sur ce point.

En reprenant quelques-uns des arguments généraux contre la certitude de la mort du jeune Dauphin, si discrédités dans la bouche des faussaires Hervagault, Bruneau, Richemont et Naündorff, les a-t-il du moins fortifiés par quelque raison nouvelle?

En aucune façon. Comme ses devanciers, il prétend qu'aucun des gardiens du Temple ni des commissaires de surveillance, qui changeaient tous les jours, n'était à même de constater l'identité du prisonnier : asssertion bien plus que hasardée, et même démentie par un document formel que nous allons publier en *appendice*. Il s'étonne qu'un enfant qui n'était pas scrofuleux, le soit devenu, ne voulant tenir aucun compte du régime absolument délétère auquel ce malheureux enfant avait été soumis, de ce que la maladie, en un mot, ait pu changer un malade. Il invoque la lettre du baron Thierry, dont nous allons voir l'insignifiance. Il suppose un concert entre Charette, Frotté et Puisaye, pour faire évader le Dauphin, et nous le défions hardiment de produire l'ombre d'une preuve à l'appui de ce concert prétendu entre ces trois hommes, séparés par la distance des lieux, par les difficultés de la guerre et par de mutuelles préventions. Tous ceux qui ont étudié à fond l'histoire de la Vendée savent cela. Il affirme que « la substitution eut lieu par les soins de Frotté qui emmena le Dauphin en Vendée ; » et sur ce point il est démenti par les dates, par les faits, par la parole de Frotté lui-même.

On doit lui savoir gré d'avoir donné le texte complet des déclarations de la veuve Simon, que l'on ne connaissait que par des extraits. Elles se retournent contre ceux qui les invoquaient. Elles prouvent péremptoirement que cette femme ne prit aucune part à cette évasion prétendue dont on la faisait la complice et l'instrument, qu'elle n'a connu même aucune des personnes qui

---

[1] Lettres de M. Bord dans la *Gazette de France* des 22 février et 2 mars; — Lettres particulières des 20 février et 2 mars ; — *Figaro*, 22 février. M. Nauroy, dans *les Secrets des Bourbons*, où il reproduit presque littéralement son premier récit, ne fait aucune allusion à cette constatation si importante. L'a-t-il donc ignorée? Nous verrons tout à l'heure ce qu'il faut penser de son Louis-Philippe, le vieillard de l'hospice de Savenai.

y auraient coopéré. C'est là l'important. Quant à sa croyance, plus ou moins sincère, à l'évasion, fondée uniquement sur ce qu'elle aurait vu, la veille du jour où se répandit le bruit de la mort du Dauphin (c'est-à-dire sans doute le jour même de la mort), passer près de l'École de chirurgie, très loin du Temple, la voiture du blanchisseur de cette prison, sur cette prétendue entrevue aux Incurables avec l'inconnu qui lui aurait fait un signe, ce sont des rêveries de vieille femme, qui vont de pair avec sa prétention d'avoir été la protectrice et l'ange tutélaire des enfants du Temple.

L'enlèvement de la veuve Simon et sa détention à Bicêtre, la disparition du nommé Caron sont des insinuations, des hypothèses, et rien de plus.

M. Nauroy a bien essayé de placer son travail sous le patronage d'un nom, « que personne, dit-il, ne récusera, » celui de de Sèze. Ce sont les « révélations » mêmes de de Sèze qu'il annonce à ses lecteurs, révélations qui ne porteraient pas, hâtons-nous de le dire, sur la naissance royale du prétendu La Roche, mais uniquement sur le fait de l'évasion de Louis XVII.

Avant d'examiner à quoi se réduisent ces prétendues « révélations, » avant de constater le démenti positif, absolu, que la famille de Sèze y a opposé, il convient peut-être de faire remarquer, au point de vue des droits et des devoirs de la critique historique, que l'autorité du témoignage de de Sèze, toute puissante, sans doute, s'il s'agissait de faits dans lesquels il aurait joué un rôle personnel, perd presque toute son importance du moment où il ne serait plus question que d'un récit qui lui aurait été fait et qu'il aurait lui-même reproduit, ce récit n'ayant que la valeur, fort hypothétique, que pouvaient y prêter le caractère de son auteur primitif, son rôle dans la prétendue évasion et les circonstances dans lesquelles il s'en serait entretenu avec de Sèze, caractère, rôle et circonstances également inconnus. La confiance même que de Sèze aurait pu accorder à son interlocuteur prouverait en faveur de sa crédulité ou en faveur de l'habileté de celui-ci, mais n'établirait nullement que ce récit fût nécessairement exact de tout point.

Or, personne, — pas même M. Nauroy, — n'a jamais eu l'idée de prêter un rôle actif et personnel à de Sèze dans les faits qui auraient précédé, accompagné ou suivi l'enlèvement de Louis XVII.

Defenseur de Louis XVI, il avait pu entrer au Temple pour
conférer avec son royal client. Après la condamnation, il n'y
remit pas le pied. Il se retira d'abord chez M. de Malesherbes,
puis à Brévannes (Seine-et-Oise) où il avait une maison. C'est là
qu'il fut arrêté le 20 octobre 1793, pour être emprisonné à La
Force, ensuite à Picpus. Il ne recouvra sa liberté qu'après le
9 Thermidor, et reprit l'exercice de sa profession d'avocat, étranger à toutes les menées politiques, et n'ayant eu, pendant les
quelques mois qui restaient encore à vivre au malheureux Dauphin, aucun rapport avec lui [1].

M. Nauroy en convient implicitement. « Voici, dit-il, ce que
nous tenons d'une personne qui tenait la vérité de M. Etienne
Romain, comte de Sèze, président de la cour d'appel de Paris [2],
pair de France, mort le 22 avril 1862, assez avant dans l'intimité
de Charles X pour être allé à Holyrood dans les premiers temps
de l'exil qui suivit 1830. M. de Sèze lui-même tenait la vérité de
son père, le defenseur de Louis XVI, auquel elle avait été con-
fiée sous le sceau du secret. »

D'anneau en anneau, nous remontons ainsi, non pas au récit
d'un acteur, d'un témoin de l'enlèvement, mais aux commérages
d'un inconnu, auquel de Sèze aurait fait un jour l'honneur de
l'écouter d'une oreille plus ou moins curieuse, mais non celui de
le prendre au sérieux.

Nous en avons trois preuves :

1º La délicatesse des de Sèze, qui ne leur aurait pas permis de
révéler le secret ainsi confié à leur discrétion ;

2º Leur dévouement à la Restauration, à Louis XVIII, à Charles X, qui aurait fait de ces nobles cœurs les misérables complices de la plus odieuse des intrigues pour dépouiller et proscrire
le véritable héritier du trône ;

3º La protestation de leur digne représentant, chef actuel de la
famille, le comte de Sèze qui, dans une lettre du 22 février
adressée *au Paris-Journal*, et reproduite dans diverses feuilles [3],
s'exprimait ainsi :

---

[1] Détails empruntes à l'article sur de Sèze écrit par un membre de la
famille pour la *Biographie* Michaud, *Supplém.* Vº Sèze (de).

[2] Président de chambre seulement, comme le reconnaît M. Nauroy dans
les Secrets.

[3] Notamment dans la *Gazette de France* du 28 février.

« Monsieur,

« Le n° du *Paris-Journal* du 10 février dernier renferme un compte rendu du travail de M. Nauroy sur Louis XVII, dans lequel se trouvent les lignes suivantes :

« La vérité serait parvenue enfin à l'heureux écrivain de la *Nou-* « *velle Revue* par la confidence de M. de Sèze, le pair de France et le « fils du célèbre défenseur de Louis XVI. Ce dernier, comme madame « la duchesse d'Angoulême, était dans le secret de l'existence du « Dauphin, mais avait juré de ne jamais le trahir. »

« Permettez moi de venir protester contre cette assertion, qui est absolument contraire à la tradition de notre famille. Dans toutes les occasions possibles, mon grand-père a manifesté sa croyance à la mort de Louis XVII, alors qu'il était encore enfermé au Temple (croyance qui était aussi celle de son père, le défenseur du roi Louis XVI), et il a toujours refusé de discuter même la possibilité de l'évasion du Dauphin.

« Madame la duchesse d'Angoulême pensait de même, et plusieurs fois elle a affirmé à mon grand-père qu'elle savait son frère mort au Temple, et que, d'ailleurs, jamais aucun de ceux qui se disaient Louis XVII n'avait osé se présenter devant elle, sûr d'être reconnu pour un imposteur.

« J'espère, monsieur, que vous pourrez insérer cette petite rectification dans un des prochains numéros de votre journal, et vous prie de recevoir l'assurance de ma considération distinguée.

« COMTE DE SÈZE,
27, quai d'Orsay. »

Veut on savoir comment M. Nauroy a repoussé ce démenti ? — « C'est un calcul légitimiste [1]. »

Que répondre à une pareille réponse ?

Sera-t-il donc permis, en histoire comme en loyauté, de prendre le premier nom venu — illustre ou obscur, il importe peu — Royaliste ou Républicain, il n'importe pas davantage ; — de prêter sur un point quelconque, à celui qui le portait, les idées les plus contraires à son attitude, à son honneur même, et cela sans aucune preuve, sans aucun indice ; et, démenti par sa famille, confidente et gardienne de sa pensée véritable, de répliquer : « C'est une tactique légitimiste.... ou républicaine ?... »

[1] *Paris-Journal*, février 1882 ; — *Les Secrets*, p. 100.

Mais voici que, dans ces derniers temps, depuis même l'impression de son volume, on lui aurait communiqué l'acte de décès, à l'hospice de Savenai, 9 janvier 1872, d'un nommé « Louis-Philippe né à ...., âgé de ...., domicilié à ...., fils de ...., » et il en fait suivre la publication de ces observations :

« Cet acte est contraire à plusieurs prescriptions du code civil ; il est à peine besoin de le faire remarquer. On l'a rédigé évidemment pour dissimuler l'identité du défunt. De plus, l'endroit où l'identité d'un mort, surtout d'un pareil mort, est le plus facile à dissimuler, est évidemment un hospice dirigé par une religieuse supérieure dans une humble ville de 2,200 habitants. Il y a bien des raisons de croire que nous sommes en présence de l'acte de décès de Louis-Charles de France, fils de Louis XVI et de Marie Antoinnette, né à Versailles le 27 mars 1785. »

Nous laissons de côté ce qu'il y a de hasardé dans ces insinuations, qui pourraient être qualifiées légalement d'une façon plus sévère, contre la supérieure de l'hospice, contre l'administration municipale, contre les témoins qui figurent à l'acte du 9 janvier, auteurs ou complices d'une contravention, d'un délit ou même d'un crime par suite de l'irrégularité ou de l'altération de cet acte ; contre les magistrats chargés d'en vérifier la régularité et de poursuivre les coupables, et qui n'auraient rien fait ni pour les atteindre, ni même pour le faire compléter.

M. Nauroy doit savoir qu'on ne peut insérer dans un acte de décès que des énonciations positives et certaines. Quand l'autorité municipale est appelée à constater le décès d'un inconnu, comment veut-il qu'elle indique son nom, ses prénoms, son âge et les noms de ses parents ?

S'il avait pris la peine de se renseigner auprès de l'administration de l'hospice ou du maire de Savenai, il aurait su ce que nous avons appris nous-même :

1° Qu'un pauvre idiot avait été abandonné à la porte de cet hospice, en janvier 1881 ;

2° Qu'on n'avait jamais pu en tirer aucun renseignement sur son ancien domicile et sa famille, ni s'en procurer d'un autre côté ;

3° Qu'il ne répondait à toutes les questions que par les mots : « Louis-Philippe ; »

4° Qu'il paraissait âgé de soixante-douze ans au plus.

Louis-Philippe est-il donc le La Roche exhumé par M. Nauroy ?

Non, puisque M. Nauroy, en parlant de La Roche, ignorait encore l'existence de ce Louis-Philippe ;

Puisque La Roche, selon lui, « était abondamment pourvu du côté de la fortune (p. 103) ; »

Puisqu'il en fait, non pas un idiot, mais un philosophe et un sage ;

Puisque La Roche aurait été plus âgé d'environ quinze ans que ce pauvre malheureux ;

Puisqu'enfin M. Nauroy lui-même n'ose pas affirmer leur identité.

Il y a donc, dans l'évocation de ce Louis-Philippe comme Dauphin, le dernier coup de grâce aux prétentions de La Roche, l'aveu que son individualité comme prince ou même comme homme est absolument chimérique.

Et quant à ce Louis-Philippe lui-même, faudra-t-il chercher dans chacun des vieillards inconnus, idiots, gâteux, qui meurent chaque année par centaines dans l'obscurité de nos asiles ou de nos prisons, autant de Louis XVII ?

La réflexion générale de M. Nauroy : « Si l'enfant mort au Temple avait été réellement le Dauphin, les faux Louis XVII n'auraient pas eu autant de fervents, » avait été déjà faite par M. Louis Blanc, et n'en est pas plus vraie. La raison et la vérité ont des bornes ; la folie et l'erreur n'en ont pas.

J'aime mieux terminer cette revue des faux Dauphins, en disant de mon côté :

S'il y avait eu un véritable Louis XVII évadé du Temple, il n'y en aurait pas eu tant de faux.......

Chacun des prétendus Dauphins, moins La Roche toutefois, a eu pour lui certaines ressemblances physiques avec le véritable Louis XVII, et le témoignage de ceux qui, sur la foi de ces ressemblances, disaient le reconnaître...; mais il a eu contre lui toutes les ressemblances, toutes les reconnaissances invoquées par ses confrères en imposture..... A quoi donc se réduit son lot ?

VIII

FROTTÉ.

Nous avons vu que tous les imposteurs qui ont pris le nom de Louis XVII — nous ne parlons, bien entendu, que de ceux qui ont prétendu avoir été tirés du Temple et qui ont présenté un récit, un système à l'appui de cette prétention, et non des pauvres fous qui se croyaient tombés du ciel — tous, à l'envi, Hervagault, Richemont, Naündorff, La Roche (ou plutôt son représentant, M. Nauroy), avaient cité Frotté comme l'agent principal de leur délivrance. C'est Frotté qui avait gagné leurs geôliers, qui s'était procuré l'enfant destiné à les remplacer, qui avait organisé la substitution, qui les avait reçus à la sortie du Temple et conduits en Vendée.

Eh bien! tous mentaient impudemment: Hervagault, Richemond, Naündorff, La Roche; et, sur ce point capital, leurs partisans, leurs avocats, leurs panégyristes se trompaient ou cherchaient à tromper grossièrement le public.

Plus absurde encore, s'il est possible, était la version qui présentait Frotté, non pas comme ayant conduit le Dauphin évadé à Charette, mais comme « l'ayant, lui-même, reçu en Vendée [1] : » en Vendée, où il ne commandait pas, où il ne mit pas le pied depuis son arrivée en Normandie !

Frotté est nécessairement et absolument étranger à l'évasion prétendue. Un simple rapprochement de dates suffit pour le prouver, et nous avons même sur ce point son propre témoignage.

Une première réflexion se présente, qui aurait dû frapper tous les esprits sincères.

Frotté n'aurait pas manqué de s'ouvrir à ses frères d'armes et d'opinion, soit de ses efforts inutiles pour arracher le Dauphin

---

[1] Claravali, p. 550, 552. — C'est un chevalier d'Olby, conseiller de S. M. le roi de Bavière, c'est Bremond, Montciel, l'abbé Tharin qui attestent ce détail sur la foi de Richemont, qui, il faut bien le reconnaître, n'a jamais rien dit de tel; mais ils acceptaient et répétaient naïvement, sans le vérifier ni même le comprendre, tout ce qu'ils entendaient de sa bouche ou croyaient entendre.

à l'affreuse prison du Temple, soit du succès qu'ils auraient obtenu, et de leur révéler l'existence du jeune Prince pour la cause duquel ils combattaient.

Il ne le fit jamais. Ni dans ses nombreuses lettres imprimées ou manuscrites, ni dans ses épanchements les plus intimes [1], il ne prononça jamais un mot qui trahît son secret. Ce secret si important pour son parti, il l'aurait emporté avec lui. Après avoir risqué sa vie pour sauver son jeune maître, il n'aurait rien fait pour faire reconnaître ses droits, et serait mort complice de la plus odieuse et de la plus sacrilège usurpation !

On peut même noter cette circonstance, c'est que, si quelques-uns de ses anciens officiers, Le Chandelier notamment [2], payèrent un instant leur tribut à l'engouement général pour les faux Dauphins, ce fut longtemps après sa mort et au profit du plus méprisable et du plus décrié de la bande, Mathurin Bruneau, qui fut si vite délaissé par ses partisans les plus fanatiques et qui, comme nous l'avons vu, n'était qu'un fou doublé d'un escroc.

Voyons maintenant les dates.

Nous savons que les époux Simon quittèrent le Temple le 19 janvier 1794.

Où se trouvait Frotté en ce moment?

Il nous le dit lui-même dans ses *Mémoires*, ou plutôt dans le canevas qu'il avait dressé pour les rédiger plus tard [3].

Décourage, humilié par l'intention que manifestaient les Alliés de faire la guerre à leur profit et non pour le rétablissement de la monarchie en France, par leurs procédés injurieux vis-à-vis des émigrés, et notamment par la substitution du drapeau autrichien au drapeau blanc dans les lignes de Wissembourg que ces derniers venaient d'emporter (13 octobre 1793;) enflammé par les récits lointains des exploits des Vendéens, il avait conçu

---

[1] Voir sur ce point les *Mémoires* de Billard de Veaux (dit *Alexandre*), un des chefs de division de Frotté, dont il existe deux éditions fort différentes, chacune en 3 vol. in-8°; les *Mémoires* manuscrits, et que nous avons pu consulter, de Moulin (*Michelot*), son adjudant-major et son confident le plus intime, de M. de M., son aide de camp et de Médavy, un autre de ses officiers.

[2] Billard, t. II, p. 262.

[3] Ce canevas, écrit en entier de sa main, forme deux cahiers in-4·, et est conservé au château de Couterne (Orne) où, grâce à la délicate obligeance de M. le marquis de Frotté, nous avons pu le consulter avec toute facilité.

le projet de venir, lui aussi, combattre en France. Il avait donc quitté l'armée de Condé à la fin d'octobre, et était passé en Angleterre. Il s'était fait attacher à l'expédition de lord Moira, qui devait apporter des secours aux Vendéens quand ils se seraient rendus maîtres d'un port sur la Manche ; mais un retard dans les ordres de débarquement et les vents contraires avaient retenu la flotte à Portsmouth jusqu'au 1er décembre, et, dès le 15 novembre, les Vendéens, qui avaient poussé une pointe sur Granville dans l'espoir d'y recevoir les secours promis, avaient été forcés de lever le siège et de rétrograder vers la Loire. Lord Moira, après une croisière inutile de quelques jours, avait dû regagner les ports d'Angleterre avec tout son monde. Pendant toute l'année 1794, Frotté était resté à Londres, désespéré de son inaction et s'épuisant en combinaisons inutiles, soit pour rejoindre les insurgés avec une mission du gouvernement anglais, soit pour sauver les Orphelins du Temple. Il est certain, en effet, qu'il s'était vivement préoccupé des moyens de les délivrer, de concert avec une dame Atkyns [1], qu'il avait connue jadis à Lille et qu'il avait retrouvée en Angleterre ; quelques rumeurs avaient pu en circuler dans leur entourage, et de là peut-être la légende qui mêle son nom à tous les prétendus enlèvements de Louis XVII. Mais la preuve qu'il n'avait pu réaliser son projet en janvier 1794, c'est non seulement qu'il était alors en Angleterre, mais que, plusieurs mois plus tard, il s'en occupait encore.

« Elle (Mme Atkyns) m'offre, disait-il, les débris de sa fortune, un vaisseau, des armes et des munitions pour, à l'insu de son Gouvernement, rejoindre les Royalistes qui ignorent sans doute qu'il n'est pas impossible à la fidélité de pénétrer dans les cachots où sont enfermés le fils et la fille de leur Roi, et dont il existe des moyens de briser les chaînes. Enfin, lorsque cet être respectable veut me remettre les fils par lesquels je puis arriver dans cette Tour fatale qui

---

[1] Mme Atkyns habitait Lille avant la Révolution. C'est là qu'elle avait connu Frotté, alors officier au Régiment de la Couronne, dont elle partageait et excitait même le zèle royaliste. Elle parvint à pénétrer dans la Tour du Temple, jusqu'auprès de la malheureuse Reine. Elle voulait changer de vêtements avec elle et la faire évader en prenant sa place. M. Imbert de Saint-Amand a ignoré ce trait de dévouement, bien digne de figurer dans son intéressant récit des dernières années de la Reine (*Correspondant* (1880). Il est question d'elle à plusieurs reprises dans les *Mémoires* d'Auguste Mèves dont nous avons parlé ci-dessus.

renferme l'auguste innocence, quelle âme pourrait être assez insensible pour ne pas tenter de la sauver ou de périr pour elle, surtout lorsqu'à ces moyens, peut-être incertains, j'en puis ajouter moi-même, dans ma province, qui m'assurent dans tous les cas, si je ne puis délivrer le sang de mes maîtres, de pouvoir au moins y réunir de nombreux sujets fidèles qui brûlent d'imiter les braves Vendéens ? Les Républicains ne pourraient résister à l'enthousiasme des Royalistes nombreux, si tous ceux qui souffrent veulent prendre les armes, et qu'il soit possible de leur rendre le jeune Roi au milieu de leurs rangs, ce qui ne peut me paraître impossible, si les comptes qu'en rendent les agents employés jusqu'ici à correspondre avec le Temple n'ont pas trompé ma bonne foi [1]..... »

Il est donc certain qu'au mois de mai 1794, le jeune prince n'était pas sorti du Temple, puisque l'on songeait à l'en faire sortir, et que Frotté n'avait pu faire encore aucune tentative en sa faveur.

L'année 1794 s'écoule ; Frotté est toujours en Angleterre ; l'enfant est toujours au Temple, et la preuve qu'il n'a pu le délivrer, c'est qu'aux Conférences de la Mabilais qui eurent lieu en mars et avril 1795, et auxquelles il assista, en qualité de délégué des chefs royalistes [2], il se préoccupe encore de son sort, et ne pouvant le rendre à la liberté, songe à s'enfermer avec lui dans sa prison. Laissons du reste Frotté raconter lui-même à Mme Atkyns ses déceptions sur ce point ; sa lettre est datée de Rennes, 10 mars 1795 :

« ... Ne pouvant positivement prévoir comment tout ceci finira et ne pouvant pas plus faire la guerre tout seul, si tout le monde fait la paix, que je ne veux signer de traité avec les régicides, ni retourner en Angleterre sans avoir tenté du moins d'effectuer ce qui m'a

---

[1] *Mes Sentiments sur la nécessité de faire une tentative qui change la face des affaires de France à l'avantage de notre jeune Roi, des Princes, des Royalistes fidèles qui combattent dans l'intérieur et de ceux qui sont émigrés*, mai 1794. Ms. autographe aux archives de Couterne. Nous transcrivons littéralement.

[2] Frotté n'avait pu débarquer — pour la première fois — en France, qu'au commencement de février 1795. Il avait pris terre en Bretagne. La Normandie n'était pas encore soulevée. Les chefs Bretons l'envoyèrent auprès de Charette, qui venait de signer la paix de la Jaunaye, pour se renseigner sur les causes qui l'avaient décidé, et à son retour, firent à Frotté l'honneur de le choisir pour un de leurs sept délégués, chargés de traiter avec les représentants de la Convention.

fait venir ici, j'avais un projet dont l'impossibilité et l'inutilité de l'exécution, dont j'ai eu l'assurance formelle, me prouve encore bien clairement que vous aviez été bien cruellement abusée dans les rapports qu'on vous a faits sur le sort des bien chères et trop malheureuses victimes du Temple... Un des plus prépondérants des quatorze députés insistait pour que je lui donnasse un moyen de faire quelque chose pour moi qui pût me rapprocher d'eux. J'en profitai pour m'ouvrir à lui sur la seule chose que la Convention pût m'accorder, et à laquelle je mettrais un grand prix si la paix se concluait. Il me fit les plus belles promesses, et ouvrit des yeux d'étonnement que je ne puis vous rendre, lorsque je lui dis que, dans cette circonstance, la seule place qui convînt à mes principes, à mon cœur et à mon caractère, était dans le Temple, pour y servir le reste infortuné du sang qui régna sur la France [1] (notez que celui à qui je parlais n'avait pas voté la mort du Roi). Il me fixa quelque temps sans me répondre, et j'en profitai pour appuyer ma proposition de toutes les raisons qui pouvaient être les plus compatibles avec les sentiments d'honneur, d'humanité et de modération *philantropico-républicaine* qu'affectent les députés depuis a chute de Robespierre. Enfin, il rompit le silence en me disant : « Votre proposition mérite réflexion, nous ne sommes pas seuls ; « demain nous nous reverrons chez moi, si vous voulez, et je vous « répondrai franchement. »

« Je le revis le lendemain, et après m'avoir fait plusieurs objections, d'un air assez ému, il me dit : « Écoutez ; ce que vous demandez n'est « peut-être pas impossible à obtenir, parce que nous voyons fort bien « que vous avez de l'ascendant parmi les députés royalistes et que « vous pourriez accélérer la fin des Conférences en faisant le contraire « de ce que vous faites, d'autant mieux que la Convention désire « fort qu'elles ne se prolongent pas davantage et que tous les Chefs « signent le Traité le plus tôt possible ; mais je trouve votre dévoue- « ment du moins respectable, et comme les choses, quoique vous « puissiez faire, n'en iront pas moins comme nous voulons, plus ou « moins promptement, je dois vous dire la vérité, parce que je crois « pouvoir compter sur votre discrétion. Votre sacrifice serait inutile. « Vous en seriez sûrement victime, et ne pourriez dans aucun cas « servir à rien au fils de Louis XVI. Sous Robespierre, on a tellement

---

[1] Hue, ancien officier de la Chambre du Roi, et que Louis XVI, après le 10 août, avait appelé auprès de sa famille, sollicita, de son côté, du Comité de Sûreté générale, la faveur de s'enfermer de nouveau avec le jeune Prince et de lui donner ses soins. Sa demande fut rejetée sous le prétexte que les commissaires du Temple le soignaient ! (*Dernières années du règne et de la vie de Louis XVI*, p. 557.)

« dénaturé le physique et le moral de ce malheureux enfant, que l'un
« est entièrement abruti et que l'autre ne peut lui permettre de
« vivre. Ainsi, renoncez à cette idée dans laquelle j'aurais vrai-
« ment bien du regret, par intérêt pour vous, de vous y voir persis-
« ter, les choses étant au point où elles en sont, car vous n'avez pas
« d'idée de l'appauvrissement et de l'abrutissement de cette petite
« créature. Vous n'auriez en le voyant que du chagrin et du dégoût,
« et ce serait vous sacrifier inutilement, car vous le verriez infailli-
« blement mourir bientôt, et une fois au Temple, vous n'en ressor-
« tiriez peut-être jamais... etc., etc., etc. »

« Je n'ai pu qu'être parfaitement content de cet homme, et je ne
lui soupçonne pas le cœur coupable sans ressource. Pauvre malheureux enfant ! vous voyez, mon amie, combien on vous a trompée depuis longtemps et combien le grand homme [1] a trompé M. Pitt, s'il
est vrai qu'il l'ait assuré qu'il pourrait l'avoir en son pouvoir, etc.,
etc. D'après ces détails, si je n'ai pas été trompé, l'histoire de cette
conversation sur les dispositions du général Canclaux [2], sur le troc
qu'on a fait de l'enfant, etc., etc., tout cela sont des contes, ou la
Convention veut faire périr l'enfant qu'elle a mis à la place du jeune
Roi, pour se réserver la ressource de faire croire que ce dernier n'est
pas le véritable et n'est que supposé. L'avenir nous développera tout
cela. Je n'ai pas fait part de mes observations à mon député, mais
j'en ai profité, ainsi que de ce qu'il m'a dit, pour renoncer à ce projet
et chercher d'autres moyens plus efficaces de venger et de servir mon
pays et mes maîtres... [3] »

On voit par cette lettre, tout à fait confidentielle, qu'en 1795,
en Angleterre comme en France, circulaient ces bruits d'enlèvement du Dauphin, de substitution d'enfant que nous avons
déjà signalés. L'entourage de Puisaye se vantait, paraît-il, de
disposer de puissants moyens pour obtenir ce résultat.

---

[1] Puisaye, évidemment.

[2] Allusion aux jactances et aux indiscrétions de Puisaye qui, ancien
camarade de Canclaux, s'était vanté de le rallier à la cause royaliste. Il
lui avait même écrit à ce sujet une lettre où il lui disait : « Voulez-vous
être Monk, Custine, Pichegru ou Canclaux ? » Cette lettre fut interceptée
et n'eut pour effet que de rattacher Canclaux plus étroitement à la cause de
la République. (*Mémoires* de Puisaye, t. III ; — L. de La Sicotière, *Une Chanson républicaine en l'honneur de Charette*, dans la *Revue des Documents
historiques*, 7e année, p. 1880.)

[3] Copie de cette lettre avait été faite par Frotté sur un registre où il a
transcrit beaucoup de pièces importantes. (*Archives de Couterne*).

Mais, rumeurs et forfanteries à part, deux points restent ici constatés de la façon la plus certaine.

1° Frotté n'avait ni enlevé, ni tenté d'enlever le Dauphin.

2° Charette, que Frotté venait de visiter quelques jours auparavant, n'avait point le Dauphin à sa disposition. Il ne l'avait point montré à Frotté. Il ne lui avait rien dit qui pût lui faire supposer qu'il croyait à son évasion. La preuve même qu'il n'y croyait pas, c'est qu'autour de lui, aux Conférences de la Jaunaye, on venait de négocier plus ou moins ouvertement, plus ou moins habilement, pour obtenir la remise du Dauphin aux Royalistes, et que quelques mois plus tard, au moment de reprendre les armes, Charette accusait les Républicains de l'avoir empoisonné au Temple.

Ces deux témoignages réunis de Frotté et de Charette ruinent la supposition que le Dauphin eût pu être libéré par leurs soins ou remis en leurs mains, en 1794 ou au commencement de 1795, comme le prétendent Naündorff, Richemont et leurs partisans.

Frotté aurait-il pu, du moins, prendre une part active et personnelle à l'évasion du jeune Prince à l'époque où cette évasion avait été d'abord placée, c'est-à-dire au commencement de juin 1795 ? Pas davantage. A ce moment, Frotté est dans les environs de Domfront. Il a même donné quelques jours de repos à sa petite armée, et avec ses officiers, il visite Flers, la Carneille, Domfront, Passais, pour reconnaître les forces de l'ennemi et recruter les siennes. Moulin, son adjudant fidèle, qui ne l'a pas quitté, nous l'atteste [1], et il est impossible d'intercaler un voyage d'une certaine durée et un séjour à Paris, dans la rapide série de ses opérations.

En juin 1795, d'ailleurs, les Simon ont quitté le Temple depuis dix-huit mois. Richemont et Naündorff ne veulent pas avoir été sauvés à cette époque, mais en janvier 1794, et toujours par le dévouement combiné de la Simon et de Frotté, combinaison doublement impossible : en janvier 1794, Frotté n'est pas encore en France ; en juin 1795, la Simon n'est plus au Temple.

Mais, dira-t-on peut-être, l'intervention de Frotté dans cette affaire est garantie par l'autorité du baron Thierry, son allié,

---

[1] *Mémoires* manuscrits communiqués par sa famille.

par celle de Joséphine et par celle du maçon Paulin. S'il n'a pas parlé, ils ont parlé pour lui.

Ce serait une nouvelle erreur. Ces noms ne prêtent aucune autorité à celui de Frotté ; c'est au sien, au contraire, qu'ils empruntent toute celle qu'ils ont eue jusqu'ici dans la discussion, et du moment qu'il ne reste rien de son rôle, rien du leur ne saurait subsister.

Voici d'abord la fameuse lettre du baron F. de Thierry à l'Éditeur du *Times,* dont argumente encore M. Nauroy, après et d'après M. Jules Favre qui l'avait invoquée dans sa plaidoirie pour les héritiers Naündorff devant le tribunal de la Seine [1], et tous les écrivains sur la foi desquels M. Jules Favre l'avait complaisamment citée :

« Monsieur l'Éditeur,

« Dans votre feuille d'hier se trouve un long article concernant les infortunes du Dauphin. Quelque étranges que soient ces détails et l'existence du fils de Louis XVI pour ceux qui connaissent l'histoire des premières années du Prince, cependant il y a de fortes raisons pour croire à la réalité des documents rapportés par le Duc de Normandie, dans la publication dont vous entretenez vos lecteurs.

« Un des principaux agents qui se sont employés pour arracher le Dauphin de la prison du Temple, fut le comte de Frotté, général Vendéen, à la famille duquel je suis allié, ma sœur ayant épousé son frère. J'ai eu, par conséquent, le moyen de m'assurer que le comte de Frotté a été le principal instrument de l'évasion du Dauphin et de sa fuite dans la Vendée où, quelque temps après, il organisa la guerre si célèbre dans l'histoire de France.

« Napoléon, Premier Consul, voulant la paix, négocia sur ce point avec le comte de Frotté, et lui déclara que si le Général mettait bas les armes et rendait ainsi la tranquillité à cette portion du pays, il lui accorderait un sauf-conduit pour aller résider où bon lui semblerait. Cette proposition fut acceptée par M. de Frotté, qui choisit Paris pour lieu de résidence. Sur sa route vers cette ville, néanmoins, en approchant de Verneuil, avec son sauf-conduit à la main, le Général fut brusquement arrêté, puis barbarement et traîtreusement fusillé. Je défie qui que ce soit de contredire ce fait.

« Maintenant, pourquoi le chef du pouvoir en France commit-il un acte si contraire au droit des gens, à la justice et à l'humanité, si

[1] 30 mai 1851. *Droit,* 10 juin ; etc.

ce n'est parce que le général de Frotté connaissait le lieu où le Dauphin
était caché, et parce qu'il importait à la police de Bonaparte de détruire le moindre vestige d'une existence si dangereuse pour l'exécution de ses desseins ?

« Comme le jour n'est pas éloigné où le duc de Normandie réussira
à obtenir la reconnaissance de ses droits comme fils de Louis XVI,
suspendons notre jugement jusqu'à ce que le temps ait décidé la question, et abstenons-nous d'outrager par l'épithète d'imposteur un personnage aussi aimable et aussi inoffensif que l'est le Duc aux yeux de
tous ceux qui le connaissent [1].

« Il ne cherche pas à renverser des trônes ni à soulever des révo-
lutions sanguinaires ; il demande seulement à faire sortir sa famille de
l'obscurité qui l'entoure et à lui donner dans la société la position qui
lui est dûe par sa naissance, sans toutefois, vouloir contrarier le vœu
de la nation française, qui a déposé la branche aînée des Bourbons en
faveur de la branche cadette.

« Je suis etc.

Baron F. DE THIERRY.

« Londres, le 4 décembre 1838. »

Cette lettre, pour qui a l'honneur de connaître l'intérieur de la
famille de Frotté et les détails de la vie du Général, se retourne
contre celui qui l'écrivit et contre celui dans l'intérêt duquel elle
fut écrite.

1° M. de Thierry (baron sans doute par la grâce de Richemond, comme Gruau était comte par celle de Naündorff) prétend que sa sœur avait épousé le frère du général de Frotté ; ce
mariage n'a jamais été reconnu.

2° Ce serait avant d'organiser la guerre civile en Normandie,
que le général *Vendéen* (singulière qualification, si l'on prend la
peine de considérer qu'il n'y eut jamais rien de commun entre
la Vendée proprement dite et le commandement de Frotté, son
armée, le théâtre de ses opérations) aurait arraché le Dauphin à
sa prison. Or, le débarquement de Frotté en France, est, comme
nous l'avons vu, du commencement de février 1795 ; son arrivée
en Normandie, du mois d'avril ; la prise d'armes, de la fin de

[1] Il faut avouer que le rôle « aimable et inoffensif » que l'on prête ici au
duc de Normandie contrastait quelque peu avec la nature du procès par lui
intenté aux Princes de la branche aînée, avec le langage de son avocat et
des écrivains à sa solde.

mai. L'emploi de son temps pendant tout cet intervalle est établi, pour ainsi dire, jour par jour, et il est matériellement impossible qu'il ait pu en dérober une part quelconque pour faire à cette époque un voyage, même très court, à Paris.

3° Frotté lui-même déclare qu'il n'est jamais entré au Temple.

4° Il est absolument faux que Frotté ait obtenu du Premier Consul « un sauf-conduit pour aller résider où bon lui semblerait; » que Frotté ait choisi Paris à cet effet; qu'il ait été arrêté en s'y rendant; que son arrestation ait eu lieu auprès de Verneuil. Le baron de Thierry ne sait pas le premier mot des circonstances de l'arrestation et de la mort du Général. Le sauf-conduit dont il était porteur ne lui avait point été délivré par le Premier Consul, mais par les généraux qui commandaient le département de l'Orne ; non pour résider où bon lui semblerait, mais pour venir négocier les conditions de sa soumission. — Ce n'est point auprès de Verneuil qu'il fut arrêté, mais à Alençon même, dans la nuit du 15 au 16 février 1800, pendant la Conférence. Cela est connu de tout le monde.

5° La supposition que Frotté aurait été sacrifié à l'intérêt qu'avait la police de Bonaparte « de détruire le moindre vestige de l'existence du Dauphin » dont il connaissait la retraite, est tout simplement absurde , un pareil secret ne pouvant de sa nature être confié à un seul dépositaire.

Le baron de Thierry ne mérite donc aucune espèce de confiance, et sa lettre, si elle n'est pas celle d'un mystificateur, est celle d'un mystifié [1].

[1] La famille de Frotté fut à plusieurs reprises en butte aux obsessions des partisans de Naündorff.

Une lettre sans signature, ni date, ni indication de lieu, mais venant d'Angleterre et timbrée à Caen le 30 décembre 1843, fut adressée à MM. de Frotté, « parents de celui qui mourut le martyr de sa fidélité envers son roi légitime, dont l'existence était méconnue des scélérats qui avaient usurpé sa place ; » on leur offrait de leur prouver son existence ; on évoquait devant eux le tableau d'« un roi prisonnier, travaillé de toute une vie de douleurs, et de sa famille dans le besoin, recevant l'aumône de l'étranger, » et l'on ajoutait : « que le nom honorable de Frotté ne se trouve point ou qu'il ne se trouve plus parmi cette ligue hypocrite et méprisable (les royalistes Bourbonniens) ! »

Une dame des plus respectables, appartenant à la même famille et à laquelle nous devons beaucoup de communications intéressantes, fut un jour invitée à se rendre chez une de ses amies, qui demeurait auprès de Paris. En

Quant à l'avocat, aux historiens qui l'ont suivi, ils sont fort
excusables d'avoir ignoré certains détails de famille;ils ne le sont
pas d'avoir publié comme sérieux un document dont le moindre
examen suffisait pour démontrer la fausseté. Toutes les histoires, toutes les biographies racontent l'arrestation et la mort de
Frotté dans des circonstance absolument différentes de celles que
suppose le baron Thierry. Ils avaient aussi le droit d'ignorer les
déclarations de Frotté qui prouvent qu'il était resté étranger à
toute tentative d'enlèvement du Dauphin ; mais ils devaient savoir,
puisque toutes les histoires générales ou particulières le disent,
qu'il n'était même pas en France à l'époque indiquée comme celle
de ces tentatives. Volontairement ou non, ils ont fermé les yeux
à l'évidence.

Les lettres de Laurent n'ont pas plus de portée.

On a fait bruit de trois lettres que ce Laurent, un des gardiens
du Temple, aurait adressées à Frotté, aux dates des 7 novembre
1794, 5 février et 3 mars 1795 [1], et dont l'objet unique est de
démontrer que l'enfant, enlevé de sa chambre, aurait été caché
pendant de longs mois dans les combles du Temple, système produit par Naündorff, lorsqu'il devint trop clair que la translation et
le séjour en Vendée pendant plus d'un an n'étaient ni vrais ni
possibles. Elles le démontrent même trop bien, en ce sens que

arrivant, elle fut étonnée de trouver rassemblées dans le salon un certain
nombre de personnes dont l'air mystérieux et affairé l'intriguait fort, quand
sortit d'une pièce voisine, au milieu des témoignages de respect de tous les
assistants, M Morel de Saint-Didier. C'était, comme on sait, un des tenants
les plus ardents et les plus accrédités de Naündorff. — M. de Saint Didier,
présenté à cette dame, lui dit carrément qu'elle devait avoir des papiers de
famille établissant l'enlèvement du jeune Louis XVII de la prison du Temple,
par son cousin M. de Frotté, et lui en demanda la communication. Cette
dame répondit qu'elle savait que M. de Frotté avait en effet songé à délivrer
le jeune roi et s'était intéressé aux projets qui avaient existé à cet égard,
mais qu'elle se croyait bien sûre qu'ils n'avaient pas réussi, et qu'elle ne
possédait absolument aucune pièce qui eût trait à cette affaire. Son interlocuteur insista d'une façon qui força cette dame à répéter plus nettement encore et plus solennellement qu'elle ne croyait pas à l'enlèvement de Louis
XVII par M. de Frotté et qu'elle n'avait aucun document qui de près ou
de loin touchât à cet événement. M. Morel parut fort mécontent. A quelque
temps de là, cette dame ayant été désignée par son nom, dans un magasin
de la place Saint-Sulpice, fut interpellée de la façon la plus grossière par un
inconnu qui, s'approchant d'elle, lui cria : « Voilà donc ces g ..x qui ne veulent pas nous aider à faire triompher la bonne cause ! »
[1] L. Blanc dit à Barras (p. 333) ; c'est une inadvertance.

tout y est évidemment calculé, combiné en vue de cette démonstration, au lieu d'offrir ces sous-entendus qui se rencontrent
nécessairement dans la correspondance de gens parlant d'une
chose qui leur est également connue. En un mot, ce sont des
lettres à l'adresse du public, et non d'un confident [1].

I.

[1] Les voici :

« Mon Général,

« Votre lettre du 6 courant m'est arrivée trop tard, car votre premier plan
a déjà été exécuté, parce qu'il était temps. Demain, un nouveau gardien
doit entrer en fonctions : c'est un républicain nommé Gommier (Gomin),
brave homme à ce que dit B*****, mais je n'ai aucune confiance en de pareilles
gens. Je serai bien embarrassé pour faire passer de quoi vivre à notre P*****
mais j'aurai soin de lui, et vous pouvez être tranquille. Les a-sassins ont été
fourvoyés, et les nouveaux municipaux ne se doutent point que le petit
muet nous a remplacé le D******. Maintenant, il s'agit seulement de le faire
sortir de cette maudite Tour ; mais comment? B***** m'a dit qu'il ne pouvait
rien entreprendre à cause de la surveillance. S'il fallait rester longtemps, je
serais inquiet pour sa santé, car il y a peu d'air dans son oubliette où le bon
Dieu même ne le trouverait pas, s'il n'était pas tout puissant. Il m'a promis
de mourir plutôt que de se trahir lui-même ; j'ai des raisons pour le croire.
Sa sœur ne sait rien ; la prudence me force de l'entretenir du petit muet
comme s'il était son propre frère. Cependant ce malheureux se trouve bien
heureux, et il joue si bien son rôle que la nouvelle garde croit parfaitement
qu'il ne veut pas parler ; ainsi il n'y a pas de danger. Renvoyez bientôt le
fidèle porteur, car j'ai besoin de votre secours. Suivez le conseil qu'il vous
porte de vive voix, car c'est le seul chemin de notre triomphe.

« Tour du Temple, le 7 novembre 1794. »

I'

Mon Général,

« Je viens de recevoir votre lettre. Hélas ! Votre demande est impossible.
C'était bien facile de faire monter la victime, mais la descendre est actuellement hors de notre pouvoir, car la surveillance est si extraordinaire que
j'ai cru (?) d'être trahi. Le Comité de Sûreté générale avait, comme vous savez
déjà, envoyé les monstres Matthieu et Reverchon, accompagnés de M. H. de
la Meuse, pour constater que notre muet est véritablement le fils de
Louis XVI. Général, que veut dire cette comédie ? Je me perds et je ne sais
plus que penser sur la conduite de B*****. Maintenant, il prétend faire sortir
notre muet et le remplacer par un autre enfant malade. Êtes-vous instruit
de cela ? N'est-ce pas un piège ? Général, je crains bien des choses, car on se
donne bien des peines pour ne laisser entrer personne dans la prison de notre
muet, afin que la substitution ne devienne pas publique, car si quelqu'un
examinait bien l'enfant, il ne lui serait pas difficile de comprendre qu'il
est sourd de naissance et par conséquent naturellement muet. Mais substituer encore un autre à celui-là, l'enfant malade parlera et cela perdra notre

Ce n'est pas tout. Elles auraient été adressées à l'auteur de l'enlèvement, à des dates où nous avons vu, non seulement que
Frotté n'exerçait aucun commandement et ne ne pouvait être
qualifié de Général, mais où il n'était même pas en France et où il
était impossible qu'il eût pris une part personnelle à l'enlèvement
prétendu ; nous savons que, de plus, il s'est défendu d'y avoir
coopéré.

Rappelons-nous que Laurent, ce prétendu complice de l'éva
sion, avait été le premier à demander qu'on lui adjoignît un
second gardien, quand il aurait eu tout intérêt à éviter une
surveillance importune.

Il n'est pas jusqu'à l'orthographe de son nom qui n'eût été
défigurée dans les signatures de ces fausses lettres. On y ajoutait à son nom un *z* final que Laurent n'avait jamais employé.
La bévue fut signalée, et la signature disparut des nouvelles
copies.

Les originaux de ces lettres devaient avoir été déposés, en
1810, entre les mains d'un fonctionnaire Berlinois. Si on les eût
montrés dans le Procès de Naündorff, cela suffisait pour trancher
la question. On ne les montra pas. Richemont lui-même protesta
contre leur authenticité et défia son compétiteur d'en faire le
dépôt aux mains d'un magistrat [1], sans que le défi fût relevé. Nous
savons pourquoi.

M. Louis Blanc dit que ces lettres doivent être écartées du
débat. Ce n'est pas tout à fait exact. Elles y restent comme pièces
fausses, comme l'œuvre d'un faussaire et comme la condamnation honteuse des prétentions du fabricateur.

demi-sauvé et nous avec ! Renvoyez le plus tôt possible notre fidèle et votre
opinion par écrit.
« Tour du Temple, 5 février 1795 »

III.

« Mon Général,

« Notre muet est heureusement transmis dans le palais du Temple et bien
caché ; il restera là et en cas de danger, il passera pour le Dauphin. A vous
seul, mon Général, appartient ce triomphe. Maintenant, je suis tranquille.
Ordonnez toujours et je saurai obéir. Lasne prendra ma place quand il
voudra. Les mesures les plus sûres et les plus efficaces sont prises pour la
sûreté du Dauphin ; conséquemment, je serai chez vous en peu de jours,
pour vous dire le reste de vive voix.
« Tour du Temple, le 3 mars 1795. »
[1] *Réponse à Gruau de la Barre*, par Morin de Guérivière père, 1841.

Passons à Joséphine, dont le nom sympathique a été beaucoup trop mêlé à cette affaire.

Fidèle à notre système de placer sous les yeux des lecteurs le texte même des documents que nous citons, nous reproduisons le passage des *Mémoires* publiés sous son nom, qui concerne Frotté et l'évasion supposée [1] :

« Le Premier Consul s'occupa d'abord de pacifier entièrement la Vendée, et il annonça ensuite que la liberté des cultes était garantie par la nouvelle Constitution. Ces heureux commencements attachèrent à son char un grand nombre de royalistes, tels que Georges Cadoudal, l'abbé Bernier et beaucoup d'autres qui finirent par se rendre. M. de Frotté voulut imposer des conditions plus dures ; il prétendait que le malheureux fils de Louis XVII, le dernier Dauphin existait ; il réclama pour ce jeune prince la couronne de France. C'en fut assez pour le faire rayer sur-le-champ de la liste qui proclamait l'amnistie. Le Premier Consul lui en écrivit en ces termes :

« Général, votre tête est aliénée. Tout prouve aujourd'hui que le « jeune Louis XVII est mort au Temple ; d'ailleurs et dans tous les « cas, vous ne seriez jamais excusable devant Dieu et devant les « hommes d'éterniser cette guerre civile. Vos officiers sont prêts à « l'abandonner, et je vous engage à imiter leur exemple. »

« Lorsque ceux qui se disaient les amis de M. de Frotté, le pressaient d'accepter l'amnistie que lui offrait encore une fois le Premier Consul : « Laissez-moi, leur dit cet intrépide Vendéen ; je ne « veux faire ni la guerre avec vous, ni la paix avec Bonaparte. » Cette courageuse résistance fut, en effet, comme le signal du déchaînement de ses ennemis.

« J'admirais le noble dévouement du Général, et sans pénétrer quels étaient les motifs qui dirigeaient sa conduite politique, je ne peux m'empêcher de rappeler ici les propres paroles du Premier Consul, à la nouvelle qu'il reçut de la mort de cet homme courageux : « La cour de Mittau, dit-il, vient de faire une grande perte ; car avec « quelques généraux d'un mérite aussi distingué, le Prétendant aurait « pu espérer de se voir un jour appeler sur le trône de France ; mais « ne pouvant gagner les Vendéens, pour servir ma cause, je dois les « affaiblir, les décourager, et faire périr ceux d'entre eux qui refu- « seraient de poser les armes. Je plains M. de Frotté. J'aurais été glo-

---

[1] *Mémoires historiques et secrets de l'Impératrice Joséphine...* par M¹¹ᵉ A. Lenormand,. Paris, l'auteur-éditeur, libraire, rue de Tournon, n. 5 ; 2ᵉ édition, 1827, 3 vol. in-8°, t. II, p. 63, 64, 65.

« rieux de le compter dans mes rangs ; cependant, si je lui eusse
« fait grâce, il eût pu devenir dangereux pour l'un comme pour l'au-
« tre parti : le plus sage dans cette circonstance était de s'en dé-
« faire. »

Tout d'abord, la prétendue lettre de Bonaparte — qu'on se
rappelle qu'il n'avait même pas voulu recevoir les envoyés des
généraux Vendéens ! — protesterait contre la supposition que
Frotté eût été pour quelque chose dans l'évasion. Ce n'est pas à
Frotté lui affirmant qu'il a tiré lui-même le Dauphin du Temple
et qu'il existe encore, que Bonaparte aurait répondu négligem-
ment : « Tout prouve aujourd'hui que le jeune Louis XVII est
mort au Temple. »

Constatons encore que Joséphine ne dit pas ici qu'elle ait été
mêlée personnellement à l'évasion, qu'elle ait vu Frotté à cette
occasion, que l'enfant ait été amené chez elle. C'est un véritable
démenti aux récits qui ont grossi et dénaturé son rôle, notamment à ceux de Richemont et de Naündorff.

Qu'elle ait cru à l'évasion du Dauphin, la chose est fort possible : elle croyait bien à la sorcellerie en général et aux prédictions de Mlle Lenormand en particulier.

Mais qu'elle ait révélé, soit à Napoléon, soit à ses propres enfants, le secret de l'existence du Dauphin et de l'asile où il se
cachait, qu'elle ait même réclamé le trône pour lui, nous n'en
croyons pas un mot.

On sait que ses prétendus *Mémoires* sont l'œuvre, non pas de
Mlle Lenormand, fort incapable de les rédiger elle-même, mais
de quelqu'un des faiseurs qu'elle chargeait du soin de réviser ses
élucubrations. Ils sont d'ailleurs d'un style moins emphatique et
moins ridicule que les autres publiés sous son nom [1].

Reste Joseph Paulin, le maçon.

Cet individu devait apparaître un peu tard et se poser
comme l'agent direct de Frotté, ayant reçu de sa main un enfant

---

[1] Un des nombreux biographes de Mlle Lenormand — et le plus sérieux
assurément; — M. Louis des Bois (*De Mlle Lenormand et de ses deux biographies récemment publiées*, Paris, France, 1843, in-18) affirme qu'elle croyait à
l'existence de Louis XVII. Nous n'avons pas trouvé de traces bien claires
de cette opinion dans ses nombreuses publications, et son zèle ultra-
bourbonnien, son dévouement en tout temps manifesté à Louis XVIII et au
comte de Chambord semblent l'exclure.

(Hervagault, de Saint-Lo), l'ayant introduit au Temple dans un panier de blanchisseuse à double fond, en ayant enlevé un autre et l'ayant remis à Joséphine de Beauharnais. Il avait vu Frotté ; il lui avait parlé ; il avait porté de sa part des sommes en or considérables à Carnot et à Cambacérès[1] ; il avait mis les mains à l'œuvre. C'était le plus précieux des témoins, s'il n'en était le plus faux. Malheureusement, il n'était lui aussi qu'un menteur. Il n'avait pu voir Frotté, qui n'était pas même en France ; il n'avait pas vu Joséphine qui, nous venons de le constater, se défend de toute participation à l'enlèvement[2].

Ainsi tombent à plat tous les mensonges audacieux d'Hervagault, de Richemont, de Naündorff, qui faisaient de Frotté l'agent direct, principal, personnel, de leur enlèvement; les variations brodées sur ce thème par leurs sectateurs et leurs défenseurs; le récit de la bonne Joséphine ou plutôt de Mlle Lenormand sous le nom de Joséphine ; les adhésions complaisantes de quelques alliés prétendus de la famille de Frotté elle-même, et les conséquences à perte de vue tirées de l'intervention de Frotté dans cette affaire, par MM. Jules Favre, L. Blanc, Nauroy et consorts;— et comme l'enlèvement est le point de départ et la base même du système de tous les faux Dauphins, qu'il n'aurait pu être pratiqué que par Frotté, puisqu'aucun autre nom ne peut plus être désormais substitué au sien, — ainsi tombe tout entier le système échafaudé sur cette base audacieuse et mensongère. Partout où le nom de Frotté est écrit dans l'histoire des faux Dauphins, au lieu de *vérité*, lisez *mensonge*, ou plutôt déchirez la page, et vous verrez ce qui restera de cette histoire.

[1] Carnot, vénal et vendu : découverte réservée à Naündorff !
[2] *Intrigues dévoilées*, t. I ; t. III, p. 366 ; — *Non! Louis XVII n'est pas mort*, p. 129 ; — *Louis XVII vengé*, etc.
M. Jules Favre citait encore dans sa plaidoirie un prétendu certificat d'une dame Corbière, ou plutôt d'un tiers anonyme parlant au nom de cette dame, laquelle disait avoir eu connaissance d'une lettre de Bonaparte à Frotté dont le texte se rapproche beaucoup de celle ci-dessus qu'elle avait lue sans doute dans les *Mémoires*, et qu'elle encadre dans une foule de détails étrangers à notre sujet, et absolument apocryphes.

11

IX.

CONCLUSION.

Nous arrêtons ici notre travail sur les faux Louis XVII.

Nous croyons avoir démontré que l'unique, le vrai Louis XVII est mort au Temple, le 8 juin 1795 ;

Que son décès a été constaté d'une manière aussi positive, aussi certaine que puisse l'être un fait historique ;

Que les difficultés et les objections soulevées à l'occasion de ce décès, ne résistent pas à un examen sérieux ;

Que les systèmes produits par les Prétendants qui se sont, depuis trois quarts de siècle, disputé la faveur et la crédulité publiques, sont ridicules et mensongers ;

Que la participation de Frotté à l'enlèvement supposé est non seulement chimérique, mais *absolument impossible ;*

Qu'elle était la pierre angulaire de tous ces systèmes, de tous ceux qui pourraient même se produire à l'avenir. Son nom, son rôle disparaissant de l'affaire, rien ne reste, ni de la substitution au Dauphin d'un enfant étranger, ni de la translation du Dauphin dans la Vendée, pas même un nom, pas même une hypothèse... Tout reposait sur lui.

Est-ce à dire que la tentative de M. Nauroy, si malencontreuse qu'elle ait été, pour rallumer la polémique en faveur des faux Dauphins, soit la dernière ? Nous ne saurions l'affirmer.

Est-ce à dire même que l'on ne reverra pas reparaître quelques Louis XVII ? Louis XVII est mort, mais il peut ressusciter.

« Ressource invraisemblable et désespérée, disait le vicomte de la Rochefoucauld ; cependant il ne serait pas prudent de parier qu'il ne se présentera point des gens pour assurer cette résurrection, et d'autres pour y croire [1]. »

APPENDICE.

La pièce suivante fut écrite par Guérin, l'un des commissaires de surveillance du Temple, peu de temps après la constatation qu'il avait été appelé à faire de la mort du Dauphin, le 10 juin 1795, puisqu'elle est antérieure à la sortie du Temple de Madame Royale (18 décembre de la même année). La signature de Guérin figure au pied de l'acte d'inhumation publié par M. de Beauchesne. C'était un ancien procureur du Châtelet. Il devint juge au tribunal de la Seine. Cette pièce, qu'il avait laissée inachevée et qui fut trouvée dans ses papiers, avait été communiquée à M. Dupré-Lasalle, allié de la famille, mais seulement après les conclusions par lui données dans le procès des héritiers Naündorff contre les Bourbons, en 1851, et c'est à son obligeance que nous en devons nous-même la communication.

Récit de ma séance au Temple, 22 prairial an III(11 juin 1795)(*sic*).

« Arrivé au Temple à midi, muni de pouvoirs de ma Section, j'ai été conduit à la Tour par le citoyen Lasne, l'un des gardiens. On m'a inscrit sur le registre, et le Commissaire que je remplaçais s'est retiré.

« Le fils du dernier roi était mort le 20, à trois heures après midi. Son décès n'avait été annoncé que le 21 à la Convention, qui avait ordonné l'ouverture du corps par Pelletan et Dumangin, officiers de santé.

« L'ouverture avait été faite le même jour. Le Rapport décide, dit-on, qu'il était mort d'une humeur écrouelleuse qui s'était jetée sur les intestins.

« La nouvelle de cette mort, qui n'avait été précédée d'aucune annonce de maladie, pouvant donner lieu à des conjectures fâcheuses, il m'a paru que les deux Commissaires gardiens du Temple, ont cherché à en détourner l'effet par tous les moyens que la prudence pouvait leur suggérer.

« Dans cet esprit, ils m'ont demandé si j'avais connu l'Enfant et si je le reconnaîtrais en le voyant.

« J'avais vu le ci-devant Dauphin aux Tuileries. Il avait environ quatre ans. Je leur répondis que si la mort, qui avait déjà près de quarante-huit heures de date, et les opérations de l'ouverture ne l'avaient pas trop défiguré, je pourrais peut-être le reconnaître. On me fit monter. Le visage fut découvert. *Je le reconnus*, ce qui fut constaté sur le registre.

« Un des deux gardiens alla au Comité de Sûreté générale demander l'ordre pour la sépulture. On promit de le lui faire passer incessamment.

« Cet ordre arriva à quatre heures et demie. C'était un arrêté du Comité de Sûreté générale portant que les gardiens du Temple se concerteraient pour faire donner la sépulture au fils de Louis Capet dans le lieu et suivant les formes ordinaires, et encore assistés de deux Commissaires civils de la Section du Temple.

« A sept heures, ces deux Commissaires arrivèrent avec l'officier de police chargé du registre. Celui-ci, aux termes de la loi, devait vérifier le décès par l'inspection du cadavre. — Les gardiens, pour s'entourer encore d'un plus grand nombre de témoignages sur l'identité de l'individu qu'il s'agissait d'inhumer, invitèrent les deux Commissaires civils de la Section du Temple et tout l'État-major de garde au poste d'assister à cette vérification, et ceux d'entr'eux qui reconnaîtraient le fils de Louis Capet de le déclarer et de l'attester par leurs signatures.

« Tous *le reconnurent* et signèrent au registre.

« Vers huit heures, l'Enfant fut mis dans le cercueil. Un inspecteur vint avertir que la curiosité, et peut-être tout autre motif, avait rassemblé à la porte du Temple, en dehors, un grand nombre de personnes et qu'il était prudent d'empêcher le peloton de grossir, ou de parer aux inconvénients qui pourraient résulter d'un trop grand rassemblement.

« Sur cet avis, communiqué aux Commissaires civil et de police, nous jugeâmes qu'il était nécessaire de requérir deux détachements de vingt à vingt-cinq hommes chacun, qui, placés à des distances assez éloignées du convoi pour que leur présence ne pût passer pour un cortège, seraient cependant à portée de dissiper les rassemblements et parer à tous les inconvénients, ce qui fut exécuté. On sortit le corps à huit heures et demie par la grande porte ; la foule fut écartée sans beaucoup de peine, et arrêtée, à l'entrée de la rue de la Corderie, par une halte que le Commandant fit faire, ce qui forma une espèce de barrière. Le convoi marcha sans difficulté jusqu'à Sainte-Marguerite, faubourg Antoine, et l'enfant fut inhumé dans le cimetière.

« Il existe encore au Temple deux prisonniers. L'un est la fille de Louis XVI, et l'autre son valet de chambre, Tison. Les causes de la détention de celui-ci sont ignorées. Tous deux sont enfermés dans la Tour carrée du milieu, sous la garde de deux Commissaires nommés par la Convention, hommes honnêtes et sensibles, placés là par la confiance qu'ils ont inspirée, et qui ont de leurs prisonniers tous les soins que l'ancienne Commune leur refusait avec la plus barbare inhumanité. C'est à ce défaut de soins que l'on doit attribuer la mort du jeune Enfant. Les Commissaires féroces qu'elle envoyait auprès de lui l'ont laissé croupir pendant un an dans son ordure, au milieu de laquelle ils lui jetaient sa nourriture comme aux plus vils animaux.

« Sa sœur a échappé aux funestes effets de cette cruauté, mais son physique n'en paraît pas moins altéré. Elle est maigre, délicate et sujette à une humeur dartreuse qui se manifeste sur ses deux joues par des rougeurs. Elle a, cependant, sinon l'éclat de la jeunesse sans en avoir la rose ; deux grands yeux bleus à fleur de tête, une peau blanche et fine, une coupe de visage agréable, en la faisant jolie feront regretter que... »

Bruxelles. Imp. A. Vromant, rue de la Chapelle, 3.